FAIRE APPLIQUER SES DÉCISIONS

Éditions d'Organisation
Groupe Eyrolles
61, bd Saint-Germain
75240 Paris Cedex 05
www.editions-organisation.com
www.editions-eyrolles.com

Gérard RODACH

FAIRE APPLIQUER
SES DÉCISIONS

EYROLLES

Éditions d'Organisation

Remerciements

Je remercie tout particulièrement mon épouse Maryse et mes enfants Julie, Jérémie et Elsa, pour leur patience à mon égard pendant l'écriture de ce livre.

Je remercie également mes collègues pour leurs conseils et suggestions, en particulier Myriam Hania pour le temps consacré à la relecture de ce livre.

J'adresse par ailleurs tous mes remerciements à l'équipe éditoriale des Éditions d'Organisation.

Le propos de ce livre

Ce livre a pour objectif de vous permettre de donner le plus de chances possibles aux décisions prises individuellement ou collectivement d'être correctement appliquées.

Vous y trouverez des réponses à certaines de vos prérogatives :

* Vous assurer que vous avez le maximum d'éléments pour prendre une décision.
* Choisir des outils d'aide à la décision en complément des vôtres.
* Comprendre pourquoi vous aimez prendre des décisions et ne pas forcément suivre celles des autres.
* Conforter votre propre légitimité à faire appliquer vos décisions (peur de ne pas avoir tout vu, risque de se tromper).
* Gérer la communication autour d'une décision : faire comprendre le sens, faire adhérer, la vendre, la suivre, contrôler, reporter, valoriser, remercier…
* Réagir face à ceux qui contestent ou refusent de respecter la décision.
* Évaluer la qualité d'une prise de décision.
* Revenir sur une décision (sans perdre la face), …

Pour vous aider à répondre à ces besoins, le livre est articulé autour de cinq axes :

* Le mode de décision a une **dimension rationnelle**. Il y a une logique et une démarche à respecter lorsque vous préparez une décision.
* Toutefois, la prise de la décision et les facteurs pris en compte sont de l'ordre de la **personnalité** : vous ne prenez pas toutes les décisions de la même manière.
* **Ces deux dimensions** doivent être **prises en compte** dans le plan d'actions et la prise en main par ceux chargés de l'appliquer.

- Les **situations difficiles** pour vous et/ou pour les autres intègrent d'autres paramètres.
- Dans tous les cas, un **accompagnement dans le temps** permet d'en suivre l'application et de tirer parti de l'expérience.

Chaque chapitre comprend :

- des apports pour réussir cette étape ;
- des outils pour apprécier vos actions ;
- un ou des cas pratiques qui illustrent leur utilisation ;
- une synthèse ;
- des questions à vous poser pour vérifier l'acquisition de compétences.

Sommaire

En guise de préambule

Vous pouvez toujours rêver de trouver le mode de décision parfait qui permettrait l'application sans faille des décisions prises. Malheureusement, il n'a pas été découvert à cette date. Progresser dans ce domaine est un long chemin basé sur les leçons de votre expérience et sur quelques techniques adaptées aux différentes personnes et situations.

Peut-il en être autrement ? Voici une légende hindoue à ce sujet :

> En Inde, deux paysans se disputent. Les pommes d'un arbre qui appartient au premier sont tombées sur une terre qui est la propriété du second. Passe un sage à qui les deux hommes demandent de trancher leur différend. Le sage leur demande : « Préférez-vous une décision faite selon le jugement des hommes ou le jugement de Dieu ? » Les deux paysans répondent d'une même voix : « Selon le jugement de Dieu ! »
>
> Alors le sage ramasse les pommes. Il en fait un gros tas d'un côté et, de l'autre, il place une pomme. Après quoi, il donne le gros tas à l'un des hommes et la pomme unique à l'autre, sans même regarder, ni s'intéresser à qui il s'adresse. Puis, il s'en va sans un mot de plus[1] .

Le jugement de Dieu (dans ce cas) n'est pas nécessairement parfait ni satisfaisant pour les deux parties. Dans les pages suivantes, vous aurez l'occasion d'analyser ce qu'aurait pu être la décision du sage selon le jugement des hommes.

---

1. Jean-Claude Carrière, *Le Cercle des Menteurs*, Plon, 2008.

Introduction : pourquoi vouloir faire la différence par l'exécution ?

Vous avez le pouvoir de décider, vous savez décider, vous décidez. Et après ? Dire « je veux ! » suffit-il ? Encore faut-il que ceux qui vous entourent (votre famille, vos amis, vos collègues, vos responsables…) soient de votre avis et vous suivent.

LES DÉCIDEURS ET LES AUTRES

Est-ce le cas ? Dans les médias, vous entendez souvent parler du corps des « décideurs », sorte de dieux tout-puissants, qui imposent leurs idées à ceux qui suivent.

Renault et le lancement de la Logan : cette voiture a un rapport qualité/ prix très différent des autres modèles de la gamme. Il est coutume de lire que Louis Schweitzer (ancien P-DG de Renault) a décidé, contre l'avis de ses ingénieurs, de lancer cette voiture. Pourtant, sa réflexion n'a-t-elle pas été nourrie par des études ou des remarques d'autres ingénieurs ? A-t-il décidé réellement seul contre tous ou bien simplement fait pencher la balance dans un débat interne ? Et même s'il a eu une idée de génie, pouvait-il, à lui seul, la faire concevoir et réaliser ? Il fallait un minimum de consensus autour du projet.

Ce cliché de la prise de décision est profondément enraciné dans notre culture. Le succès de l'expression de Jean-Pierre Raffarin « la France d'en haut, la France d'en bas » illustre bien ce phénomène. Pendant longtemps, selon la culture sociale et politique usuelle en France, il était considéré comme « naturel » qu'un petit groupe de personnes s'arroge le droit de décider pour le bien de la communauté qui ne « sait » pas. Le pouvoir hiérarchique dans les entreprises françaises en est une excellente illustration. L'une des conséquences est que, dans notre pays, les relations sociales sont tendues. Pourtant, en Allemagne, où la notion d'autorité est fort respectée, la cogestion patronat-syndicat fonctionne depuis longtemps. La négociation a lieu en amont, la grève n'étant que l'arme ultime. Un rapport d'autorité fort n'exclut donc pas forcément une implication des parties prenantes.

Voilà qu'aujourd'hui, à tous les niveaux de la société, ce pouvoir de décision (presque) sans appel est remis en question. Tout le monde ne souhaite pas décider sur tout, mais chacun désire faire comme il l'entend s'il le veut et ne pas se laisser guider aveuglément. Demandez aux médecins ce qu'ils en pensent : chaque patient veut être le libre arbitre de ses choix. Ce dernier n'hésite plus à mettre en concurrence plusieurs spécialistes jusqu'à ce qu'il entende un diagnostic et, surtout, un traitement qui lui convienne. Il en est de même dans la vie professionnelle.

Alors, sommes-nous à la veille d'une profonde révolte des individus ou simplement est-ce la grille des modes de décision qui change ?

DÉCIDER, UN ART DE PLUS EN PLUS COMPLEXE

Le *Petit Robert* donne plusieurs définitions pour le mot « **décider** », toutes très explicites sur le caractère définitif, figé de ce comportement humain :

- « Porter un jugement, adopter une conclusion définitive sur... » ;
- « Arrêter, déterminer » ;
- « Amener quelqu'un à agir » ;
- « Être tranché, résolu » ;
- « Être fermement déterminé à »,...

Si vous remontez à la racine latine du verbe « décider », vous apprenez qu'il vient du latin *decidere* (« diminuer », « retrancher », « réduire »), mot composé du préfixe *de-* et du verbe *caedere* (« abattre »)[1].

---

1. Source : *fr.wiktionary.org/wiki/décider*

Une décision est donc un acte volontaire rationnel qui vous conduit à arrêter un choix, à trancher, à adopter une attitude forte. C'est aussi un pouvoir. Tout le monde n'a pas le pouvoir de décider en tous moments. Décider, c'est choisir, c'est avoir le pouvoir d'infléchir le sort.

DÉCIDER, UN ART DE L'EXÉCUTION

Il fut un temps, pas si lointain, où la capacité de décision était l'apanage du « chef » (grand ou petit). Il décidait et ses équipes suivaient. Décider était alors un symbole puissant.

Aujourd'hui, décider est devenu un art plus difficile. Les situations sont complexes, les possibilités d'impact nombreuses et les conséquences souvent difficiles à prévoir. Dans un grand nombre de cas, personne ne peut dire s'il a pris une bonne ou une mauvaise décision. Seul le futur, *a posteriori*, lui dira s'il a fait le bon choix.

Les équipes ne suivent plus aussi aveuglément qu'avant. Pas forcément parce qu'elles sont rebelles ou qu'elles n'ont pas compris, mais tout simplement parce que leur pouvoir d'initiative s'est accru et qu'elles appliquent les décisions transmises à l'aune de leurs propres critères. Vous le constatez tous les jours lorsque l'application de lois conduit à des mises en œuvre tantôt brutales et tantôt laissées à l'appréciation des agents exécutants. Dans les deux cas, le remède est souvent pire que le mal.

Le pouvoir du décideur a évolué. Ce n'est plus seulement la capacité de décider, mais celle de faire exécuter. De la qualité de l'exécution dépend souvent le résultat de la décision. C'est là où la préparation en amont joue un rôle. Préparer, c'est anticiper les possibilités d'impact de la décision, c'est prendre en compte les avis des exécutants, c'est tenir compte des multiples facettes.

COMMENT DEVENIR UN MEILLEUR DÉCIDEUR ?

Il n'existe pas de critères parfaits pour être qualifié de bon décideur. Un chef pompier ne décide pas de la même manière qu'un constructeur d'avions. Les situations vécues et leur degré d'urgences ne nécessitent pas les mêmes qualités.

Il existe toutefois un socle de base des compétences requises.

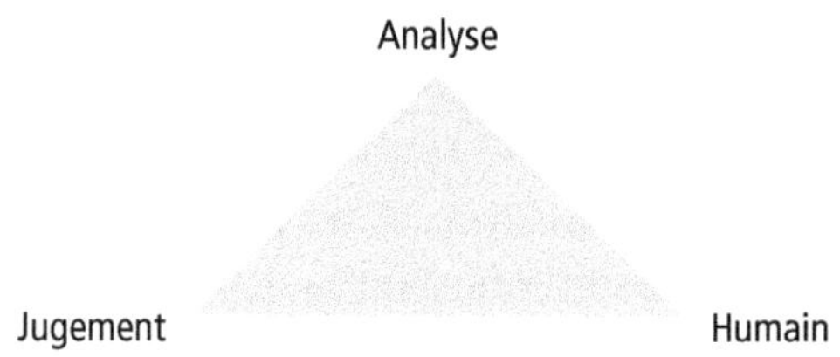

Le sens de l'analyse

C'est être capable de bien analyser les tenants et les aboutissants, tout en sachant où s'arrêter pour ne pas aller trop loin. C'est aussi éviter d'être paralysé par le trop-plein d'informations ou le sentiment d'en manquer.

La capacité de jugement

C'est celle de trancher et de prendre le risque de ne pas satisfaire tout le monde ou que la décision ne soit pas valable pour toutes les situations rencontrées.

La compétence humaine

C'est ne pas oublier que les décisions sont prises par des hommes pour des hommes et seront appliquées par des hommes. Une décision dans l'absolu n'a que peu de chances d'être appliquée si les acteurs ne sont pas impliqués dès l'amont et si les attentes de ceux qui vont être concernés ne sont pas prises en compte.

Travailler sur vous et progresser en termes de compétences et de savoir-faire vous permet de développer vos talents et de :

- gérer des situations complexes ;
- mieux vous adapter à l'incertitude ;
- organiser une multitude de décisions à prendre de manière quasi simultanée ;
- obtenir l'implication des personnes concernées ;
- développer votre flexibilité relationnelle avec ces derniers.

LES « GRANDES DÉCISIONS » SONT SUJETTES AUX GRAINS DE SABLE...

Il y a les « grandes décisions » et les multiples décisions de détail. Commençons par l'histoire de l'application d'une grande décision.

Fin mars 2008, l'aéroport d'Heathrow (Londres), premier aéroport d'Europe, inaugure en grande pompe le nouveau terminal T5, destiné à désengorger l'aéroport. Conçu pour accueillir simultanément 60 avions dont 15 Airbus 380 gros porteurs, il dispose de toutes les technologies modernes pour faciliter le traitement des flux importants de passagers et de bagages. Toutefois, malgré trente-six mois de préparation et d'efforts, l'ouverture est un véritable fiasco, non seulement pour l'image de l'aéroport, avec des milliers de passagers complètement déboussolés (15 000 bagages en retard de traitement, des centaines de vols annulés), mais aussi sur le plan financier (20 millions d'euros perdus sur un mois, des assureurs qui refusent d'assurer les pertes de bagages...).

Pourtant, les responsables du projet et leurs différents partenaires ne sont pas des novices. Ils ont l'expérience des projets complexes. Ils ont pris tout au long de cette période de nombreuses décisions étayées par des études. Celles-ci ont été disséquées et revues par d'innombrables comités. Des mois de préparation et de formations ont été consacrés à la réussite de cette ouverture. Interrogé par une commission parlementaire, le directeur de l'aéroport a déclaré avoir pris un « risque calculé ».

Que s'est-il passé alors ? Au travers de la lecture des journaux anglais, voici quelques-uns des événements qui se sont additionnés :

- une non-prise en compte des observations de la part du personnel durant la période de formation ;
- une mauvaise formation sur la circulation dans un aéroport trop grand, trop vaste ;
- des parkings pour le personnel insuffisants, lointains et mal desservis ;
- des contrôles de sécurité très tatillons qui augmentent le retard de prise de poste du personnel ;
- un matériel de chargement et de déchargement inadéquat... en rapport avec la dimension des portes,...

Bref, un ensemble cumulé de faits grands et petits a conduit à un désastre. Les grandes décisions ont bien été évaluées et prises, mais la mauvaise transmission des consignes et les conflits de priorités avec d'autres paramètres comme la sécurité ont aggravé les conditions d'application et rendu inapplicables les multiples décisions prises par les acteurs antinomiques au quotidien. Voici le témoignage d'un des managers : « *Le premier jour, tout était quasiment prêt. Toutefois, le personnel est arrivé en retard compte tenu de la mauvaise signalisation et desserte de leurs parkings. Arrivés à l'aéroport, ils ont été retenus par le manque de personnel aux contrôles de sécurité (eux aussi bloqués aux parkings). Une fois passé cette étape, nombre d'entre eux se sont perdus dans l'aéroport qu'ils connaissaient mal. Puis, lors des premiers embarquements, les chariots à bagages inadéquats obligeaient à des transferts manuels pour passer les portes [...]* »

La complexité du mode de décision aujourd'hui, c'est que dans la majorité des grandes entreprises, les actions, les services et les systèmes d'information sont tellement interpénétrés qu'une simple décision prise en un point donné a de multiples répercussions. Cette approche du style « petites causes, grands effets » est connue depuis longtemps. Benjamin Franklin, savant et homme politique américain, (1706-1790) l'a rendu célèbre par sa maxime :

> *« À cause du clou, le fer fut perdu.*
> *À cause du fer, le cheval fut perdu.*
> *À cause du cheval, le cavalier fut perdu.*
> *N'ayant plus de cheval, le cavalier fut perdu.*
> *Capturé et tué par l'ennemi, tout cela à cause d'un clou de fer à cheval.*
> *Tout cela pour un simple clou[1]. »*

LA DÉCISION AU QUOTIDIEN EST-ELLE PLUS SIMPLE ?

Ce même phénomène se passe au quotidien pour des décisions de moindre ampleur.

> **JÉRÔME,**
> **MANAGER DANS UNE ENTREPRISE TECHNIQUE**
>
> À la demande de sa direction, il doit modifier un état informatique fourni grâce à un outil développé dans son service. Simple en apparence, cette demande se complique parce que l'outil est en réalité nourri par une application qui se situe dans un autre service. La modification doit-elle se faire au niveau de l'outil ou au niveau de l'application ? C'est plus simple et rapide de le faire au niveau de l'outil. Seulement, les autres documents fournis par l'application seront en décalage avec les données de celui-ci. Faut-il plutôt changer les paramètres de l'application ? Cela implique alors plusieurs services, qui n'ont pas la même autorité hiérarchique et qui n'ont pas tous les mêmes contraintes, les mêmes délais, certains souhaitant même profiter de l'occasion pour faire d'autres changements mineurs. Comment arriver à décider ?

Chacun prend de multiples décisions à son niveau. Rares sont celles qui sont libres de toute entrave. Dès qu'elles concernent d'autres personnes ou impliquent des moyens hors de votre contrôle, vos déci-

---

1. *Almanach du pauvre Richard*, 1758, www.dicocitation.com

sions sont liées à celles des autres. Voulez-vous acheter un logement ? Parfait ! Payez-vous comptant ? Si c'est le cas, vous vous sentez libre puisque vous ne dépendez pas de votre banquier. Toutefois, vous pouvez être tenu par des décisions de la commune (si elle exerce un droit de préemption), le goût et les intérêts de vos proches,…

Il en est de même dans la vie professionnelle. Les grands dirigeants médiatiques, contrairement à l'image starisée présentée par les médias, ne dirigent pas simplement d'un claquement de doigt. Ils ont non seulement besoin de l'aval de leurs actionnaires, mais aussi des pouvoirs publics, des syndicats, des associations de consommateurs,… Une fois l'accord obtenu, la mise en application n'est pas des plus simples, comme vous l'avez lu ci-dessus dans l'histoire de l'aéroport d'Heathrow.

Autodiagnostic

Comment préparez-vous et faites-vous appliquer vos décisions ?

Avant de commencer votre lecture chapitre par chapitre, réfléchissez à quelques situations professionnelles vécues. En conclusion, vous retrouverez ce tableau pour pouvoir y apporter des pistes d'améliorations possibles.

Situations	Méthodologie utilisée
Vous êtes parvenu à convaincre sur un sujet qui vous tenait à cœur ; votre communication avec les autres a été efficace.	
Vous avez pris l'initiative de modifier une organisation ou une activité dans laquelle vous participiez.	
Vous avez contribué avec les autres membres d'un groupe aux décisions visant à l'augmentation de l'efficacité de ce groupe.	
Vous vous êtes fixé un but que vous estimiez difficile à atteindre avec d'autres et vous l'avez tous atteint.	
Vous avez, grâce à vos idées personnelles et votre esprit de décision, contribué au succès d'une activité ou d'un projet.	
Vous avez obtenu, grâce à vos choix, des résultats positifs dans une situation que vous estimiez difficile.	

PARTIE I

LA DÉCISION SE PRÉPARE DE MANIÈRE RATIONNELLE

Toute décision comporte des éléments rationnels et de l'intuition. Comment accepter ces deux dimensions ? Comment en tenir compte lors de la préparation de la prise de décision ? Quelle est la part du rationnel ?

Le mode « décision »

Il importe au départ de définir ce qui peut être considéré comme une véritable prise de décision. Il peut être réconfortant de penser que celle-ci se fait systématiquement de manière rationnelle. Malheureusement, les études conduites en ce sens montrent que ce n'est guère le cas. Aussi, les entreprises ont mis en place des mécanismes pour améliorer les démarches en ce sens.

QU'EST-CE QU'UNE « VÉRITABLE » PRISE DE DÉCISION ?

Décider d'acheter le journal à un kiosque ou au suivant, fixer son lieu de vacances ou investir une partie de son budget dans un choix risqué ne relève pas du même degré de risque.

Définition

Une « véritable » prise de décision est requise lorsque vous devez sélectionner une option parmi d'autres, dans des conditions d'incertitude qui vous exposent (vous et votre entourage professionnel ou familial) à un risque, afin d'atteindre un objectif spécifique, en compagnie (ou non) d'autres acteurs en charge de l'application de la décision.

Comment comprendre ces différents points ?

Sélectionner une option parmi d'autres

Faire un choix exclusif, y compris celui de ne rien faire et d'attendre est déjà une décision difficile pour certains. Dans le contexte professionnel d'urgence permanente où nombre d'entre vous vivez aujourd'hui, agir est perçu à la fois comme une force, mais aussi comme une manière de ne pas se poser de questions. Assez souvent, avec un peu de recul, il s'avère qu'attendre aurait été une meilleure solution, les événements à l'origine de la décision ne s'étant pas produits.

Dans des conditions d'incertitude

La réalité est rarement blanche ou noire, les faits dont vous avez besoin pour décider sont généralement incomplets. Il y a donc des choix à faire dans l'incertitude. Or, comme vous le verrez plus loin (chapitre 3), si certains aiment agir dans ce contexte, d'autres préfèrent attendre et rester au *statu quo*.

Qui vous exposent (vous et votre entourage) à un risque

Celui-ci peut être aussi bien physique, économique, financier ou même moral (en termes d'image de vous-même). Le risque est encore accru quand vous exposez votre entourage (professionnel ou familial) à ce même risque. Or, nous n'avons pas tous la même culture du risque. Bien plus, moins vous maîtrisez les décisions, plus le sentiment de risque s'accroît.

Afin d'atteindre un objectif spécifique

Une décision en soi n'a de valeur que si elle permet d'atteindre un objectif.

En compagnie ou non d'autres acteurs en charge de l'application de la décision

Une décision n'a pas la même importance pour vous si vous décidez et agissez seul ou si sa bonne application et son exécution dépendent d'autres personnes.

Dans le contexte professionnel qui vous occupe, une véritable prise de décision est celle qui inclut tous ces paramètres. En bon cartésien, vous pouvez alors considérer que cela peut se gérer aisément grâce à une démarche logique organisée avec :

- la détermination du besoin dans le contexte de l'objectif à atteindre ;
- une analyse des moyens nécessaires pour y parvenir et des différentes options ;
- le choix de l'option la plus adaptée ;
- la mise en œuvre de cette décision.

PRENDRE UNE DÉCISION, EST-CE SIMPLEMENT RATIONNEL ?

Lorsque vous analysez vos comportements, et ceux de votre entourage, à la lumière de situations qui impliquent un risque vital, vous constatez que votre attitude est pour le moins loin d'être rationnelle. Des études conduites tant sur des conducteurs d'automobiles que sur des fumeurs ou des skieurs passionnés de hors pistes montrent que des personnes pourtant averties peuvent avoir, en certaines circonstances, une perception faussée du danger.

Quelques mécanismes sont particulièrement connus pour fausser la représentation de la situation. Il faut distinguer les mécanismes individuels, qui altèrent votre propre représentation de la situation, des mécanismes collectifs (influence du groupe).

Quelques mécanismes individuels

L'habitude

Vous utilisez les mêmes réflexes dans une situation donnée, même si les conditions varient. À titre d'exemple, c'est le cas du conducteur qui va tous les jours à son travail en voiture. Habitué à son trajet, il ne modifie guère sa conduite par temps de pluie voire de neige, assuré de bien connaître chaque mètre de la route. Malheureusement, les conditions de visibilité, de freinage et de réflexe des autres conducteurs ne sont plus les mêmes. Une majorité d'accidents banaux le matin arrivent parce que les conducteurs ont sous-estimé ces paramètres.

En entreprise, de nombreuses personnes peuvent avoir envie de continuer à user de leurs pratiques habituelles, même si le contexte est en train de changer.

L'entêtement

Votre propre amour propre vous joue des tours. Vous pouvez, même si tout le monde est contre, ne pas vouloir revenir sur une décision prise, de peur de paraître versatile. Les images et les représentations que vous avez héritées de votre famille, de votre environnement social (« Ne recule pas », « Montre-toi un homme »,…) peuvent vous conduire à vouloir, malgré les conseils de votre entourage, à aller jusqu'au bout : « J'ai promis de le faire, je le ferai. »

Les hommes politiques sont parfois pris au piège de leurs propres promesses, même si, entre-temps, les conditions économiques et sociales ont dramatiquement changé.

En entreprise, la volonté d'atteindre l'objectif coûte que coûte peut conduire certaines personnes à user de méthodes peu orthodoxes, voire illicites.

Le désir de plaire

Ce désir consiste à rechercher la reconnaissance, voire l'admiration de personnes desquelles vous voulez être appréciées. Souvent, sans demande réelle de ces personnes, vous imaginez que de tels exploits vous permettront de vous faire remarquer.

Ce phénomène joue souvent un rôle dans la séduction de personnes de l'autre sexe. Ce sont, par exemple, les risques pris dans la conduite automobile pour épater « l'autre », les concours de consommation d'alcools (ou de drogues) qui peuvent conduire au coma éthylique, voire à la mort.

Ce phénomène existe en entreprise. Le cas des traders qui fraudent s'explique en partie par cela. Cela peut être également celui d'être remarqué par un responsable hiérarchique.

Quelques mécanismes collectifs

Le positionnement social

Vous pouvez avoir tendance à valoriser l'avis de celui qui a un rang hiérarchique supérieur, une compétence reconnue ou simplement un tel sentiment de confiance dans ses compétences que son attitude peuvent influer sur le reste du groupe.

Votre éducation et la culture hiérarchique au sein des entreprises vous rendent difficile la contestation d'un supérieur. Cela peut être aussi davantage par sentiment de respect que par peur de représailles.

L'influence de l'expert

Dans le même ordre d'idées, tout groupe, même composé de personnes de même niveau, secrète en son sein un expert reconnu ou autoproclamé qui finit par entraîner le groupe par conviction ou absence de décision consensuelle. En effet, il peut être tentant pour un groupe de se reposer sur l'opinion de quelqu'un sans apprécier véritablement si son savoir ou son savoir-faire en la matière est approprié.

Le respect des normes et des règles

Le phénomène de l'habitude à titre individuel a son pendant collectif. Il est souvent plus reposant pour un groupe de se réfugier derrière une norme, une loi, un usage pour prendre ou non une décision. C'est ce qu'ont compris de nombreux régimes totalitaires qui créent un arsenal de lois justifiant les actions demandées. Les personnes impliquées peuvent se retrancher derrière le fait qu'elles n'ont fait qu'appliquer les consignes.

Plus largement, dans son livre *Why Decisions Fail*[1], Paul C. Nutt estime que les causes d'erreurs les plus fréquentes sont liées à :

• une mauvaise définition du problème à résoudre ;

---

1. Berett Koehler Publishers, 2002.

- la non-prise en compte des intérêts des parties divergentes ;
- le manque d'objectifs clairs ;
- l'absence de prise en compte des expériences passées ;
- la focalisation trop rapide sur une solution ;
- l'utilisation exclusive des faits avantageux pour son opinion.

Êtes-vous un décideur « rationnel » ou non ?		Oui	Non
a.	Le hasard existe dans la vie professionnelle.		
b.	La première intuition est souvent la bonne		
c.	Envisager globalement un problème est plus souvent une source de confusion qu'une aide.		
d.	Le temps de préparation d'une décision ne sert souvent qu'à justifier votre choix premier.		
e.	Une décision dans une organisation dépend surtout du regard des autres et de l'impact sur eux.		
f.	Quand on perd dans un jeu, il faut continuer parce que la chance finira par tourner.		
g.	L'expérience est meilleure conseillère que l'innovation.		
h.	L'opinion de dix personnes est forcément meilleure que celle d'une seule.		
i.	Vous êtes plutôt contre les méthodes de décision.		
j.	L'important, c'est l'objectif final, pas la décision immédiate.		

Si vous avez huit « oui » ou plus, vous êtes plutôt instinctif, intuitif et/ou soucieux des autres. Les avantages de cette approche (prise en compte des autres, utilisation de l'expérience…) sont limités en cas de nouvelles situations ou de décisions difficiles pour l'organisation.

Si vous avez entre quatre et sept « oui », vous faites la part des choses entre le raisonnement logique et la démarche créative. Est-ce toujours à bon escient ?

Si vous avez obtenu trois « oui » ou moins, votre démarche fonctionne bien pour des décisions normées, cadrées dans un environnement stable. Que ferez-vous dans un contexte mouvant ?

COMMENT DÉCIDEZ-VOUS ALORS ?

Depuis une cinquantaine d'années, des spécialistes du management et des sociologues se sont penchés sur la prise de décision. Si cette discipline d'étude est courante aux États-Unis, elle l'est moins en France. Il y a quatre ans, Ehrard Friedberg, chercheur autrichien travaillant en France, a réalisé un travail de collecte de documents sur ces approches. La synthèse présentée ci-après est extraite d'une compilation d'entretiens réalisés par celui-ci auprès de quelques spécialistes tels que Michel Crozier, Peter Drucker, James G. March, Herbert Simon[1],…

L'apport des études sur la décision

Qu'en ressort-il ? Au mot « décision » est souvent associé l'adjectif « rationnelle ». Les managers estiment que la « décision rationnelle » consiste à rechercher la meilleure solution possible en fonction de préférences claires, sur la base de l'ensemble des informations recueillis et en examinant toutes les options possibles.

Toutefois, cette conception de la décision repose sur un certain nombre d'illusions en termes de compréhension de la réalité, de capacité à percevoir la réalité de manière impartiale, de lien entre décision et action ainsi que de l'illusion sur votre faculté de maîtriser la complexité des situations et des relations de causes à effets touchées par une décision.

Tout d'abord, vous n'avez pas forcément toutes les cartes en main. Ensuite, vous ne sauriez pas nécessairement exploiter toute l'information mise à votre disposition. Celle-ci est souvent rare et/ou cachée. Ainsi, vous devez dépenser beaucoup de temps et d'énergie pour la trouver et la mobiliser. Si Internet a démultiplié nos accès aux sources d'information, le temps à y consacrer s'est souvent, lui aussi, accru exponentiellement. De plus, la lecture de l'information est fonction de vos perceptions et de vos interprétations, elles-

---

1. *Questions d'organisation*, Banlieues Media, 2004.

mêmes reliées aux enjeux sociaux et organisationnels dans lesquels vous vous trouvez.

Tout comme le lecteur du *Figaro* et celui de *L'Humanité* n'ont pas les mêmes grilles de lecture d'une même information, un décideur de profil commercial n'accordera pas la même attention à des faits identiques qu'un collègue de profil technique ou financier.

De plus, un décideur qui se voudrait rationnel devrait être capable de comparer simultanément toutes les options possibles pour en sélectionner la meilleure. Or, tous les travaux en ce domaine montrent que l'attention n'est pas illimitée. Vous n'avez pas en tête l'intégralité du problème, mais seulement plusieurs morceaux. Vous progressez pas à pas vers la solution du problème par un mélange d'anticipation et de réaction aux événements, en fonction de l'expérience.

Il en résulte que les choix des individus, comme ceux des organisations, sont des produits hybrides, qui induisent deux logiques divergentes, voire conflictuelles : une logique de calcul, avec toutes les limites que nous venons d'indiquer, et une logique de convenance, qui obéit aux règles caractéristiques d'un contexte d'action.

Par ailleurs, le décideur dit « rationnel » est censé savoir ce qu'il veut. Il peut choisir parmi toutes les solutions possibles, parce qu'il a un but, donc des préférences. On considère, en théorie, que celles-ci sont connues d'avance et stables. En réalité, les préférences naissent et évoluent au cours même du processus de choix. Comme il est difficile d'y échapper, il faut en faire un atout et, surtout, ouvrir votre vision pour inclure dans votre choix une réflexion sur l'origine et la logique de développement de vos préférences.

Un sociologue américain (James G. March) a construit en 1972 un modèle de décision, baptisé le « modèle de la poubelle [1] ». L'auteur estime que les situations de choix sont conçues comme des poubelles dans lesquelles se déversent des flux indépendants de participants (de décideurs), de problèmes et de solutions. Les choix résultent souvent

---

1. *Ibid.*

d'une décision fortuite parce qu'à un moment donné certains acteurs se sont retrouvés par hasard en un même lieu et ont échangé.

Pouvez-vous être rationnel ?

Au final, le modèle de la décision entièrement rationnelle est donc bien une illusion. Il repose sur des prémices ou des exigences qui sont tout simplement irréalistes et irréalisables : en ce sens, c'est un mythe. Mais, comme tout mythe, il est aussi un moteur. Vous vous en servez comme instrument d'action. D'une part, il vous permet de structurer votre réflexion. D'autre part, il vise à créer des conditions qui permettent aux choix individuels et organisationnels de s'approcher de ces exigences.

Toutefois, tous les chercheurs soulignent que, comme tout instrument d'action, la rationalité a aussi des coûts. Elle vous enferme dans un raisonnement instrumental qui escamote toute réflexion sur les fins et accorde un privilège exorbitant au calcul, à l'intention et à la pensée analytique, comme seules modalités légitimes de la réflexion et de l'action.

Il faut pouvoir, à côté de cette démarche, faire appel à d'autres compétences comme l'intuition, l'imagination, l'expérimentation et/ou l'imitation. Cela suppose de sortir de votre carcan rationnel pour accepter l'erreur, l'ignorance, voire l'incohérence entre discours, décisions et actions pour vous permettre d'explorer de nouveaux champs. Pour améliorer leurs modes de décisions, les individus et les organisations doivent laisser se développer une « technologie de la déraison ». Dur à accepter pour un peuple élevé dès le biberon au raisonnement cartésien !

Interview de Pascal Lamy, directeur général de l'Organisation mondiale du commerce :

« Une décision, c'est l'expression, à un moment précis, d'un choix. Ce moment doit intervenir après un amont, qui en est la préparation, et un aval, qui en est l'exécution. Si l'on n'a pas conscience de ces deux paramètres, c'est l'aspect romantique de la prise de décision qui prend le dessus. Il est donc

réducteur de ne s'attarder que sur le privilège du choix qu'a le dirigeant, comme le fait une partie de la littérature business. Mon expérience personnelle m'a appris que la décision ne se limite pas à l'instant où l'on prononce le choix. Au contraire, c'est un moment à l'intérieur d'un processus. Et le décideur doit exercer sa capacité de discernement… Vous devez toujours avoir un cadre de référence global, une vision qui puisse être explicitée[1]. »

LE MODE DE DÉCISION EN ENTREPRISE EST-IL PERFORMANT ?

Conscients de cette situation, les dirigeants des entreprises ont demandé à leurs collaborateurs, depuis plus de deux décennies, de suivre notamment des stages de communication, d'animation de réunions et de team building.

Les entreprises sont-elles en voie de progrès ?

Dans l'absolu, les décideurs en entreprise devraient être alors organisés, méthodiques, posséder des grilles de réflexion pour éviter de divaguer. Malheureusement, pour qui fréquente le monde de l'entreprise, l'état des lieux en termes d'organisation de réunions (la partie la plus visible de l'iceberg) n'est guère réjouissant : les réunions commencent toujours rarement à l'heure, le plus haut en grade fait sentir son importance en arrivant souvent en retard, l'ordre du jour n'est que partiellement respecté.

Qu'en est-il sur le front de la prise de décision ?

Terradata, une société spécialisée dans le stockage de données, filiale à l'époque de NCR, a conduit en 2004 une enquête auprès de cadres dirigeants de grands groupes[2].

---

1. *Le Figaro Économie*, 5 septembre 2005.
2. *Journal du management*, janvier 2004.

Le premier constat de cette enquête est la difficulté croissante d'une vaste majorité des cadres interrogés face à la prise de décision.

Constats	Nombre en pourcentage
Part des cadres estimant devoir prendre de plus en plus de décisions	73 %
Part des cadres estimant disposer de moins en moins de temps pour prendre des décisions	55 %
Part des cadres estimant devoir traiter une quantité d'informations de plus en plus importante	54 %

Les trois quarts des cadres estiment qu'ils doivent prendre de plus en plus décisions. Or, plus de la moitié d'entre eux estiment qu'ils ont de moins en moins de temps pour le faire alors que le volume d'informations à traiter a augmenté.

Interrogés sur les facteurs à l'origine de ce phénomène, les interviewés mettent en cause, pêle-mêle, les outils technologiques qui les inondent d'informations, leurs responsables qui délèguent (sous-entendu « qui se déchargent ») de nombreuses tâches, les modes de fonctionnement avec notamment le « mode projet » qui favorise le travail en transverse et… eux-mêmes qui remettent peu en question leurs modes de fonctionnement.

Les conséquences de cette situation se font sentir tant sur le plan rentabilité (ratage d'opportunités) que sur le moral du personnel ou la qualité du service client.

À qui (ou à quoi) la faute ?

L'environnement dans lequel vous vivez aujourd'hui fait appel à des compétences telles que l'initiative, la réactivité, la responsabilité individuelle, l'implication… Dans l'idéal, celles-ci doivent s'exercer dans une organisation du travail privilégiant des équipes autonomes, avec des collaborateurs polyvalents capables de modifier des *process* pour être plus efficaces.

Si cela a été bien compris par la majorité des responsables d'entreprises qui tentent de mettre en place de tels circuits, la culture traditionnelle française de la hiérarchie pyramidale, du « contrôle sanction » et du taylorisme pèse dans leur application. Dans son livre *La Logique de l'honneur*[1], Philippe d'Iribarne souligne qu'un groupe, dans une entreprise, se bâtit d'abord par son opposition aux autres groupes. Ainsi, si les Français ont la fierté du travail bien fait, ils n'aiment guère que cela soit mis en cause par des personnes extérieures. Les relations hiérarchiques sont là pour établir des frontières précises et strictes. Le système n'est pas rigide. Néanmoins, tout ce qui n'est pas régi par les devoirs, mais qui aide au fonctionnement collectif, dépend des relations personnelles. C'est pourquoi en France, le bon « contact » est si nécessaire, la coopération professionnelle intense passant par les relations individuelles.

Ce système a donné de bons résultats dans un univers stable, mais il subsiste de plus en plus mal dans un univers mouvant où les relations sont transversales. Le système « D » et les relations personnelles ne suffisent pas à décider dans des univers transverses (le mode projet en est un bon exemple).

Cela n'est pas propre à la France. L'illustration ci-après montre qu'une entreprise peut avoir des collaborateurs brillants, mais… inefficaces.

Cas pratique

Le management doit montrer l'exemple

Larry Bossidy (ancien PDG d'Honeywell) et Ram Charan, consultant américain, ont écrit en commun un livre : *Tout est dans l'exécution*[2]. Ils y démontrent, au travers de quelques exemples issus de leur expérience, qu'« *une décision stratégique non exécutée n'a pas de résultats* ».

Selon les auteurs, les entreprises ou services qui fonctionnent le mieux sont ceux qui ont de véritables plans d'actions sous contrôle. Au cours de leurs carrières respectives, ils sont intervenus dans de nombreuses entreprises en difficulté, qui pourtant ne manquaient pas de collaborateurs brillants.

---

1. *La Logique de l'honneur*, Philippe d'Iribarne, Le Seuil, coll. « Points ».
2. Larry Bossidy, Ram Charan, *Tout est dans l'exécution*, First, 2003.

Chaque fois, une reprise en main et un suivi de l'exécution des décisions a permis de remonter la pente. Comment ? Grâce au respect des trois principes fondamentaux qui suivent.

L'implication du décideur en premier lieu

Lorsque le décideur (à commencer par le PDG) s'implique dans le suivi des plans d'actions au lieu d'en déléguer la charge, les collaborateurs, à tous niveaux, suivent l'exemple d'agir à leur niveau.

La notion de « responsable, mais pas coupable » illustrée ces dernières années par quelques affaires, ne peut que conduire chacun à s'enfermer dans son bunker et à diluer ses responsabilités dans les décisions collectives. Comment prendre des décisions si la hiérarchie ne vous appuie pas en cas de pépin, voire vous fait appliquer des décisions prises par elle, tout en vous en rejetant la responsabilité en cas d'incidents ?

Le changement des comportements

Il s'agit de débarrasser les salariés des vieilles croyances qui affectent leur propre représentation de leur entreprise. Cela vise à leur donner une vision plus en adéquation avec ce que l'on attend d'eux.

Kodak a ainsi raté son passage dans le monde du numérique parce que la structure, à tous les niveaux, vivait dans le souvenir de l'ère de gloire de l'argentique. L'entreprise avait les moyens pour réussir. Il lui manquait la capacité à recréer de nouvelles valeurs partagées.

Enfin, la réalisation concrète d'une stratégie est liée à la *capacité à gérer simultanément « les trois processus clés » : le stratégique*, qui définit la situation à laquelle on veut aboutir, *l'humain*, qui décide qui sera chargé d'accomplir cette mission, et *le processus opérationnel*, qui indique l'itinéraire à suivre.

La majorité des directions gèrent correctement deux facteurs sur trois. En France, le stratégique et le processus opérationnel laissent peu de place à l'humain. Les collaborateurs à tous niveaux peuvent se sentir alors peu motivés : ils appliquent mécaniquement les décisions.

Synthèse

Vous savez maintenant qu'il existe différents types de décisions. Dans ce livre, nous traiterons des décisions à prendre dans l'incertitude, avec une notion de risque et une implication d'autres personnes. Quelle que soit votre envie d'être rationnel, votre rationalité a des limites, tant au travers de mécanismes individuels que collectifs qui vous font dévier du droit chemin. Ces travers nous sont confirmés par les études faites par des psychologues et des sociologues. Si les directions d'entreprise en ont conscience et ont pris des mesures à ce sujet, l'environnement du travail en entreprise, avec notamment l'accélération du temps, ne favorise pas une démarche posée et réfléchie. Il est donc important de ne pas dissocier la décision de sa préparation et de son exécution. Sinon, vous risquez d'être un collaborateur brillant, mais inefficace. Au chapitre 2, vous aborderez la préparation de la prise de décision.

Autodiagnostic

Vous devez prendre ou faire prendre une décision ? Avez-vous tiré parti des informations de ce chapitre ?

Avez-vous...	Oui/ non	Les enseignements que vous en tirez
… listé les décisions prises dans le passé qui correspondent à la définition proposée ?		
… actuellement une décision à prendre correspondant à cette définition (cela peut vous servir comme étude de cas pour lire ce livre) ?		
… apprécié quels mécanismes faussant la décision vous correspondent ?		
… testé si vous êtes un décideur plus ou moins rationnel ?		
… évolué dans le temps en termes de mode de prise de décision ?		
… intégré la définition de Pascal Lamy ?		
… la même perception des faits que les personnes interviewées par Terradata ?		
… dans votre entreprise, des mécanismes similaires à ceux développés par Larry Bossidy et Ram Charan ?		

Une large majorité de « Oui » ? Bravo ! Vous êtes prêts à aller plus loin.

Une décision se prépare dès l'amont. L'influence de la culture interne de votre service, la méthode de recueil des informations et le choix du processus influent sur la décision finale.

LES CINQ + DEUX ÉTAPES DE LA PRISE DE DÉCISION

Comment bien préparer, décider et faire appliquer ses décisions ?

Le schéma *classique* passe par cinq étapes. Certains auteurs dédoublent des étapes, ce qui porte cette liste à six, voire sept étapes :

- définir la décision à prendre ;
- identifier les options possibles ;
- hiérarchiser les options par ordre de priorité pour en choisir une ;
- apprécier les conséquences de l'option retenue et éventuellement l'amender ;
- mettre en œuvre.

Un schéma mieux adapté à la vie en entreprise

Si ce schéma est parfait, il ne correspond pas nécessairement à la réalité de la vie professionnelle. En effet, il est adéquat pour une décision prise en solitaire qui concerne peu les autres. Dans la réalité, les décisions au sein de l'organisation impliquent généralement des éléments d'incertitude et de risque, ainsi que de nombreux acteurs.

Dans ce contexte, le schéma de prise de décision devient celui-ci :

1. définir l'enjeu et le contexte de la décision à prendre (selon les normes de l'organisation) ;
2. prendre en compte les modes de décision des personnes impliquées ;

3. choisir le mode de prise de décision ;

4. tirer parti de sa boîte à outils pour préparer au mieux la prise de décision par le plus grand nombre (y compris en réunion) ;

5. transformer la décision en plan d'actions ;

avec, en corollaire deux autres éléments clés :

6. prendre en compte le stress lors des situations à fort enjeux ;

7. intégrer les réactions d'hostilité lors de l'application ;

puis, l'effet du temps :

8. la suivre jusqu'à son terme et en tirer parti.

Structure du déroulement

Les grandes phases du schéma ci-après seront développées plus amplement dans les chapitres suivants.

Définir l'enjeu et le contexte de la décision à prendre (normes de l'organisation)

En fonction de votre rôle, de la culture de votre encadrement et plus globalement de celle de votre organisation, la même décision peut revêtir des habits différents.

Vous décidez de réunir votre équipe pour remédier à une situation. Vos collaborateurs sont disséminés sur le territoire métropolitain, voire pour certains à l'étranger. Dans une première entreprise, l'organisation d'une réunion relève de la gestion combinée des priorités et des emplois du temps. Dans une autre, au contraire, la politique de limitation des voyages nécessite l'organisation de conférences téléphoniques ou de visioconférences. Dans une troisième, la réunion peut être réduite à quelques personnes clés.

En fonction de la gravité de la situation perçue par votre hiérarchie, ces éléments peuvent varier : des mesures plus contraignantes peuvent être prises ou, au contraire, des entorses aux règles existantes autorisées.

Ce chapitre développe les éléments à prendre en compte en amont lors de la préparation de la prise de décision.

Mieux prendre en compte les modes de décision de chacun

Les modes de décisions varient en fonction du savoir-faire, de l'expérience et de la grille d'analyse des situations de chacun : certains se basent sur des faits, d'autres sur des références similaires.

Le chapitre 3 vous permet de reconnaître les principales typologies de mode de décision. Vous pouvez ainsi non seulement adapter votre argumentation à vos interlocuteurs, mais surtout savoir quels éléments collecter en amont pour faciliter le développement de votre argumentaire.

Faire passer votre décision en réunion

Nombre de décisions sont débattues et actées en réunion. Celle-ci a sa propre dynamique. Comment réussir une prise de décision collective ?

Le chapitre 4 vous donne un éclairage particulier sur la dynamique propre d'un groupe en réunion. Obtenir une décision en réunion suppose une bonne préparation en amont et un déroulement qui permette à chacun de s'exprimer.

Tirer parti de sa boîte à outils pour préparer au mieux la prise de décision par le plus grand nombre

Il existe de nombreux outils quantitatifs et qualitatifs pour analyser les options possibles et vous donner les clés de décision. Or, trop d'analyses peuvent tuer une décision. À l'opposé, pas assez d'analyses, par sentiment de confiance par exemple, peuvent conduire à sous-estimer gravement les risques. Comment trouver le juste milieu ?

Le chapitre 5 vous aide à adapter et à enrichir votre boîte à outils pour répondre aux besoins des modes de décision des personnes impliquées. Cela complétera votre propre collection d'outils.

Transformer la décision en plan d'actions

Le fondement du plan d'actions est que chacun sache bien ce qui est attendu de lui, ses actions et sa marge de manœuvre. Cela suppose une approche détaillée du déroulement et des hypothèses d'impact de l'environnement.

Le chapitre 6 porte sur la construction et la réalisation du plan d'actions. Dans la continuité de l'approche des typologies (*cf.* chapitre 3), vous analyserez les besoins de chacun des intervenants : certains acteurs, lors de l'application de la décision, ont besoin d'un luxe de détails, alors que d'autres se contentent des grands traits (ce qui n'est pas sans risque aussi).

La prise de décision ne s'effectue pas toujours dans un cadre calme et serein. Les deux éléments clés suivants méritent à eux seuls un chapitre chacun.

Prendre en compte les situations à forts enjeux

Lorsque les situations sont prétextes à de fortes tensions, les comportements des acteurs changent et également, par là même, l'implication des personnes dans le processus de prise de décision, l'application et le suivi.

Le chapitre 7 vous donne des grilles d'analyse des comportements et les processus de décision qui en résultent.

Intégrer les réactions d'hostilité lors de l'application

Une décision peut vous mettre mal à l'aise, voire susciter des réactions d'hostilité (ou de passivité) des personnes impliquées.

Comment lever les défenses ? Le chapitre 8 donne des clés pour s'affirmer dans ces situations, voire même savoir dire non de manière constructive.

Suivre la décision jusqu'à son terme

Sauf exception, les impacts des décisions peuvent se faire sentir sur des mois, voire des années. Avec un environnement mouvant, le contexte change et l'orientation prise par une décision aussi. Les acteurs concernés peuvent aussi évoluer, changer et être pris par d'autres priorités.

Le chapitre 9 vous donne les clefs pour faire vivre une décision dans le temps. Cela nécessite non seulement de l'animer, mais aussi de la faire évoluer, d'intégrer de nouveaux acteurs,…

Enfin, le chapitre 10 vous aide à tirer parti de l'expérience acquise lors de vos prises de décision.

PRÉPARER UNE DÉCISION : L'IMPACT DE LA CULTURE INTERNE

Un mode de prise de décision dépend fortement de son contexte. Parmi ses composantes, celle de la culture de votre service et, plus largement, celle de l'organisation pèsent sur les choix que vous aurez à opérer. Dans une même entreprise, certains services peuvent avoir une culture de la décision différente des autres.

Les trois niveaux de la culture d'entreprise

Une culture d'entreprise, notamment son processus de décision, comprend trois niveaux[1] :

- les manifestations visibles et les valeurs proclamées (= la structure avec les processus normés de décision, d'achat…) sont-elles fixes ? Y a-t-il des dérogations ?
- les croyances tacites partagées (= la culture proprement dite qui n'est écrite nulle part mais que tout le monde partage : droit à l'erreur, à l'initiative…) ;
- le support que vous pouvez attendre de l'encadrement et, plus particulièrement, de votre responsable direct.

Une culture ne se transforme pas d'un claquement de doigt. Cela demande du temps, l'implication des dirigeants (« Je fais ce que je dis ») et surtout la mise en valeur de résultats obtenus. En réalité, vous ne changez pas fondamentalement une culture. Elle peut éventuellement évoluer dans le temps : un changement d'environnement, un nouveau P-DG, un nouveau responsable direct… Soyez à l'affût des changements de tendances. Dans tous les cas, c'est un processus long et difficile, qui nécessite d'avancer progressivement.

---

1. Edgar Schein, *The Corporate Culture Survival Guide*, Jossey-Bass, 1999.

Par ailleurs, si vous avez un tant soit peu d'ancienneté dans une entreprise, vous-même pouvez avoir du mal à changer dramatiquement de méthode.

Votre service privilégie-t-il la prise d'initiative ?

La prise d'initiative est-elle favorisée dans votre service (votre entreprise) ?

	Points	++ 4	+ 3	– 2	— 1
1	Droit à l'initiative				
2	Droit à l'erreur				
3	Goût du risque				
4	Appui du responsable direct dans l'élaboration et la mise en œuvre				
5	Appui de la hiérarchie au sens large dans la mise en œuvre				
6	Processus de décision rapide				
7	Mise en œuvre des engagements (matériels, financiers,…) rapides				
8	Intérêt porté aux nouvelles idées				
9	Valorisation des initiatives				
10	Environnement en mutation				

Comptez votre nombre de points en totalisant les résultats par ligne.

- Au-delà de trente points, la culture de votre service est favorable à l'action et à l'initiative. Profitez-en !
- Entre vingt et vingt neuf points, la situation vous est favorable. Regardez bien les points négatifs. Que pouvez-vous faire pour les améliorer ?
- Entre dix et dix-neuf points, appuyez vous sur les points positifs. Tiennent-ils plus à la culture de l'entreprise (ou de votre service) ou de quelques personnes (votre supérieur hiérarchique par exemple) ?
- En-dessous de dix points, il va falloir renforcer vos positions avant, pendant et après pour réussir à prendre des décisions et à les faire appliquer. Courage ! La pression de l'environnement peut jouer en votre faveur.

PRÉPARER UNE DÉCISION : RECUEILLIR LES ÉLÉMENTS

Vous avez à prendre une décision. Cela peut être de votre propre initiative (par exemple, vous estimez que les résultats de votre équipe ne correspondent pas à vos attentes et vous souhaitez y remédier) ou bien suite à une demande de votre hiérarchie (par exemple, votre encadrement vous demande d'agir au plus vite pour remédier à une détérioration des résultats).

Un outil de recueil : le **QQOQCPC**

Il vous faut au préalable recueillir des éléments. Vous pouvez utiliser un outil de résolution de problèmes qui est le « QQOQCPC ». Il vous permet de balayer d'une manière rapide les principaux constituants de la décision à prendre. D'autres outils de diagnostic et de hiérarchisation seront développés dans le chapitre 5.

Le QQOQCPC

Qui ?	Quelles sont les personnes impliquées à la fois dans le processus de décision et dans l'application de celle-ci ?
Quoi ?	Quel est l'objet, mais aussi l'enjeu de celle-ci ? Quel est l'objectif final ? Quels sont les critères de succès ?
Où ?	Est-ce une décision à impact local ou général ?
Quand ?	Y a-t-il un délai spécifique ou des étapes à date fixe ?
Comment ?	Quelles sont les méthodes envisageables ou au contraire à proscrire ?
Pourquoi ?	L'enjeu de celle-ci ? Quelles en sont les causes ? Remédier à une situation ? Prévenir ?
Combien ?	Moyens humains et financiers alloués ?

Les questions à se poser

Parmi ces points, certains sont à étudier de plus près.

L'enjeu

Tout d'abord, est-ce un enjeu matériel, financier, humain, psychologique… ? Est-ce un mélange de cela ? Quelle(s) finalité(s) en attend(ent) vous-même, votre encadrement direct, voire la direction de l'entreprise ?

Ainsi, au niveau individuel, le fait de recadrer un collaborateur ne concerne pas que ce dernier. Il a aussi valeur d'exemple (positif et/ ou négatif) pour ses collègues. Au niveau collectif, l'action de valoriser un produit ou un service peut être lié non seulement à une décision d'en vendre plus, mais aussi à celle de contrecarrer un concurrent existant ou potentiel.

Le contexte de cette décision

Y a-t-il eu des précédents ? Quels en ont été les résultats ? Est-ce une action « courante » ou tout à fait exceptionnelle ?

Plus la décision est perçue comme extraordinaire et singulière, plus vous serez suivi et contrôlé dans sa mise en œuvre. Vous aurez alors intérêt à impliquer nombre d'acteurs dans le processus. À l'inverse, si cette action est vue comme habituelle et classique, il vous sera possible d'avoir les coudées franches.

Les critères de succès de votre décision

Le résultat final sera-t-il apprécié de manière quantitative (résultats chiffrés obtenus) et/ou qualitative (climat social, motivation, impact sur d'autres actions, image…) ?

Les différents acteurs impliqués dans le processus de décision peuvent avoir des critères différents. Il est donc important de les identifier en amont. Par ailleurs, quelles sont les importances respectives accordées à la préparation et à l'application de la décision ?

L'impact et les répercussions possibles de votre décision

Comme au billard, une action peut avoir des effets surprenants. Elle peut créer un précédent, une « jurisprudence » en la matière.

Accorder un avantage supplémentaire (en termes d'horaires, de primes, d'avantage matériel sous forme de voiture, téléphone mobile…) à une personne doit pouvoir se justifier auprès des autres personnes sous peine de rancœur, d'accusation d'injustice…

Les acteurs impliqués dans le processus de décision

En amont, les conséquences possibles de votre décision peuvent nécessiter de vérifier auprès de directions-supports la faisabilité ou non des actions envisageables.

Est-ce qu'il y a un cadre légal, réglementaire ou simplement une approche définie par le département des Ressources humaines à mettre en œuvre ? Si vous avez besoin d'un support informatique, le service concerné a-t-il le temps et les moyens humains pour vous le fournir ?

Les acteurs impliqués dans l'application de cette décision

Toute personne applique plus volontiers et mieux les décisions auxquelles il a contribuées. Toutefois, ces approches prennent plus de temps. Vous devez alors arbitrer entre délai et implication.

Si vous identifiez bien les acteurs impliqués directement, vous pouvez oublier les services collatéraux. Des modifications de conditions de vente peuvent impacter non seulement les vendeurs et l'administration commerciale, mais aussi la facturation, l'information, la production et la logistique.

Préparation : les questions à vous poser en amont

Quel est l'enjeu ?	
Quel est le contexte ?	
Quels sont les critères de succès ?	
Quel est l'impact ?	
Qui est impliqué dans la préparation ?	
Qui sera impliqué dans l'application ?	

Préparer une décision : choisir un processus

Vous avez identifié le contexte de la décision à prendre, il vous faut maintenant définir son processus. Bien sûr, il peut exister, au sein de votre entreprise, des processus formalisés que vous devrez suivre. Néanmoins, il vous est parfois possible de les modifier pour les rendre plus adéquats à vos besoins.

Vous pouvez aussi avoir tendance à temporiser ou à vous précipiter. Dans tous les cas, posez-vous quelques questions pour déterminer la meilleure méthode pour prendre la décision. Cela ne veut pas dire qu'il n'y aura qu'une bonne méthode et que les autres seront mauvaises ; cela signifie qu'il y aura une ou plusieurs méthodes qui vous faciliteront davantage l'application de la décision que d'autres.

La nature de la décision que vous avez à prendre requiert l'accord de votre responsable avant de passer en comité d'évaluation (ou d'être avalisé par le comité directeur). Vous pouvez estimer qu'une information préalable, voire une implication, de certains ou de l'ensemble des membres de ce comité peuvent faciliter son passage. Cela peut se faire en direct, par l'intermédiaire de votre hiérarchie…

Les trois grands modes de décision

La décision en solo

Dans ce contexte, vous préparez votre recommandation en amont avant de l'appliquer directement ou de la présenter à votre responsable, voire à un comité de décision. Votre décision peut être basée sur votre expérience, votre intuition, des chiffres ou une synthèse de tous ces éléments.

Avantages : rapide, claire (pour vous), application quasi immédiate.

Inconvénients : oubli de certains aspects, subjective, mise en œuvre parfois laborieuse.

La décision en groupe

Vous préparez vos décisions avec les acteurs impliqués dans la préparation ou ceux de la mise en œuvre. Vous pouvez le faire sous forme de réunions ou d'entretiens individuels. Votre panel peut être plus ou moins large selon les besoins et mélanger ces formules. La décision est alors soit collective, soit de votre ressort.

Avantages : implication des acteurs, accroissement des solutions possibles, plus d'alternatives, appropriation collective de la décision,…

Inconvénients : méthode longue, les jeux des acteurs peuvent fausser les choix, le consensus peut être « mou »…

La non-décision

Cette position est le fait de ne pas se décider, de faire comme les autres ou selon les habitudes ou même de s'en remettre à un tiers (expert interne ou externe).

Avantages : une protection pour soi, pas de risques, avoir un cadre rationnel pour son choix,…

Inconvénients : fuite de responsabilité, le résultat peut être pire, des retours de bâton possibles…

Cette approche peut être valable lorsque vous n'avez pas assez de recul, sur un sujet pointu, hors de vos compétences et dans un environnement stable. Elle fonctionne également dans des entreprises où le droit à l'erreur et à l'initiative ne sont pas reconnus. Enfin, elle est aussi adaptée dans les cas où vous pensez que la question va disparaître d'elle-même. En pratique, dans 20 à 30 % des cas, l'évolution du contexte dans le temps supprime le sujet sur lequel vous avez à décider.

Comme toujours, la réalité est un panachage de ces modes. En fonction des différents critères vus ci-dessus (*cf.* le « QQOQCPC »), vous pouvez être amené à utiliser l'une ou l'autre de ces approches.

Les critères de choix

Voici un tableau comparatif pour mieux choisir.

	Fiabilité	Rapidité	Crédibilité	Facilité mise en œuvre
Décision en solo	++	++++	++	++
Décision collective	++++	+	++++	++++
Non-décision	+	++++	+	++++

Il n'y a pas de mode parfait et passe-partout.

Outil

Choisir un mode de décision solo/collectif

Pour votre décision à prendre, classez de 1 à 10 les critères suivants (10 étant le plus important).

Quelle importance accordez-vous à...	Rang	Pourquoi ?
La rapidité		
Le recueil des éléments		
La fiabilité des données		
Les options possibles		
L'implication de la hiérarchie		
L'aspect récurrent de la décision		
Le caractère temporaire de celle-ci		
L'information des personnes impliquées		
La facilité de mise en œuvre		
L'impact sur le travail des personnes impliquées		

Suggestion

Faites faire en parallèle ce test à votre responsable, un homologue ou un collaborateur qui sera fortement impliqué : cela permettra de relativiser votre propre vision.

Lecture des résultats

Les éléments à prendre en compte pour le choix du mode de prise de décision…	Solo	Collectif
La rapidité	X	
Le recueil des éléments		X
La fiabilité des données		X
Les options possibles		X
L'implication de la hiérarchie		X
L'aspect récurrent de la décision (expérience)	X	
Le caractère temporaire de celle-ci	X	
L'information des personnes impliquées		X
L'importance de la mise en œuvre		X
L'impact sur le travail des personnes impliquées		X

Comment décider d'une action pour pallier un manque d'effectifs ?

Mélanie est chef de projet dans une entreprise hi-tech. Elle anime une équipe de 15 personnes. Son principal projet (elle en suit plusieurs en parallèle) porte sur un sujet sensible pour l'entreprise. Elle est donc suivie de près par les nombreuses personnes concernées.

Tout cela ne serait pas grave si son responsable direct savait prendre sa part de responsabilités. Or, il a la fâcheuse manie de « botter en touche » : soit il lui laisse la responsabilité de la décision, soit il la remonte vers son propre responsable.

En février, plusieurs des collaborateurs de Mélanie sont arrêtés en même temps par suite d'une série de circonstances malheureuses : épidémie de grippe, accidents… Son responsable, soucieux du budget, lui conseille d'attendre. Mélanie implique son équipe dans la recherche de solutions à court terme. Quelques semaines plus tard, la direction ayant perçu le retard pris par certains éléments du projet, ce même responsable la tance pour n'avoir pas pris d'initiatives en termes d'embauches provisoires : « Vous auriez dû insister davantage ! »

Depuis quinze jours (nous sommes en juin), Mélanie est confrontée à nouveau à une situation à risques : pour des raisons concurrentielles, certains délais du planning doivent être raccourcis. Elle demande des moyens et, sans plus attendre la décision, commence à battre la campagne en interne et en externe pour trouver du personnel. Son supérieur l'y encourage, puis se ravise quelques jours plus tard, son propre responsable s'étant engagé, sans avertir quiconque, à raccourcir les délais sans moyens supplémentaires.

Le responsable de Mélanie lui explique posément qu'elle s'y est mal prise. Elle aurait dû commencer par chercher avec son équipe les moyens de gagner du temps à effectif constant. Mélanie se tourne alors vers son équipe pour trouver des pistes pour gagner du temps.

Quelle n'est pas sa surprise devant l'attitude réservée, voire hostile, de certains de ses collaborateurs : « Nous avons fourni un gros effort il y a quatre mois et personne ne nous a remerciés. » Il faut alors beaucoup de diplomatie à Mélanie pour remonter le moral de l'équipe et obtenir un plan d'actions. Celui-ci implique des choix et notamment des retards, voire des abandons de certaines parties secondaires du projet.

Instruite par l'expérience, Mélanie fait avaliser son plan par son chef et par le supérieur de celui-ci. Elle n'en est pas moins inquiète. Que se passera-t-il dans quelques mois quand un membre du comité de direction prendra conscience du retard sur un des aspects du projet. Sera-t-elle soutenue par ses supérieurs ?

SYNTHÈSE

Le mode de prise de décision à titre collectif (au sein de l'entreprise) diffère de celui à titre personnel sur trois points : la prise en compte de la culture de l'entreprise (initiative, marge de manœuvre…), la portée de celle-ci (les acteurs impliqués) et, enfin, le choix du mode de décision le plus approprié.

La préparation d'une décision est donc un subtil jeu qui, au-delà du recueil des informations, suppose d'associer les us et coutumes pour ce type de décision et le choix du processus adéquat.

Après avoir recueilli les premiers éléments d'information, vous allez, dans le chapitre suivant, apprécier la typologie des personnes impliquées en amont pour mieux faire passer votre message.

Autodiagnostic

Avez-vous tiré parti des informations de ce chapitre ?

Avez-vous...	Oui/ non	Les enseignements que vous en tirez
… un schéma de prise de décision similaire à celui proposé ?		
… un mode d'analyse des leçons d'une décision prise ?		
… une culture homogène et partagée de prise de décision dans votre entreprise ?		
… un management hiérarchique privilégiant la prise d'initiatives ?		
… utilisé le QQOQCPC en termes de recueil d'informations ?		
… une grille de préparation pour lister les enjeux ?		
… une idée de votre mode de décision préféré ?		
… une grille de lecture pour choisir le mode de décision approprié selon la situation ?		

Une large majorité de « Oui » ? Bravo ! Vous êtes prêts à aller plus loin.

PARTIE II

LA PRISE DE DÉCISION EST DU RESSORT DE L'ÉMOTIONNEL

Préparer une décision, c'est aussi convaincre en amont les personnes impliquées, que ce soit de manière individuelle ou en groupe. Or, les grilles de décision peuvent varier en fonction des expériences et du pouvoir de chacun. Vous abordez alors chacun selon sa personnalité et son pouvoir pour l'inviter à partager votre décision.

3 Mieux comprendre les modes de prise de décision de chacun

Vous avez peut-être des frères et des sœurs (et/ou des enfants). Vous vous êtes parfois demandé comment issus de mêmes parents, éduqués de manière plus ou moins similaires, ils ont des réactions différentes quand vous échangez avec eux et notamment lorsque vous leur annoncez une décision (prise ou retransmise).

Comprenez alors que ce soit normal si vos collègues et/ou collaborateurs, même si vous pensez dialoguer avec eux de manière identique, ne comprennent, ni n'appliquent les décisions de la même façon. Certains vont ergoter, d'autres l'appliquer au sens strict, d'autres encore l'interpréterons…

S'assurer de leur accord sur la prise de décision, puis d'une bonne application de celle-ci suppose que vous vous adaptiez au mode de compréhension de chacun (le cas des réunions et des phénomènes de groupe sera traité au prochain chapitre). Encore vous faut-il prendre conscience de votre propre style de prise de décision et de transmission des consignes.

Vous aborderez dans ce chapitre :

- une approche des typologies comportementales ;
- leurs spécificités en termes de prise de décision ;
- le repérage des typologies de votre entourage ;
- la communication avec chacune des typologies.

QUELLE EST VOTRE TYPOLOGIE COMPORTEMENTALE ?

Vous utilisez plus ou moins intuitivement des typologies. Lorsque vous dites de quelqu'un qu'il est rapide, bavard, dynamique ou beau parleur, vous catégorisez de façon sommaire telle ou telle personne. Il existe des méthodes qui donnent des résultats plus précis.

Une des plus utilisées est celle élaborée par Carl Gustav Jung au début du XXe siècle. Issue de son livre *Les Types psychologiques*[1], celle-ci a fait l'objet de nombreux tests validés scientifiquement sur plusieurs millions de personnes : le plus célèbre est le MBTI (*Myers Briggs Type Indicator*) –, mais il en existe d'autres : *Arc en Ciel, Ensize, Insights…*

Elle vous donne quelques clefs observables pour comprendre et anticiper les comportements et attitudes d'une personne en situation de prise de décision. Si vous souhaitez aller plus loin, vous trouverez en annexe des repères bibliographiques.

À quoi cela peut vous servir ?

Une typologie comportementale a trois fonctions :
- décrire méthodiquement certains comportements types (= pouvoir reconnaître la typologie d'une personne) ;
- expliquer les tenants et les aboutissants de ces comportements (= comprendre leurs besoins en termes d'information par exemple) ;
- aider à prévoir quel comportement telle ou telle personne manifestera dans certaines circonstances (= cela vous est utile par exemple pour ne pas vous faire surprendre par leurs réactions !).

Les psychologues enseignent que 85 % de nos difficultés viennent de conflits relationnels. Reconnaître et mieux comprendre les personnes qui sont différentes de vous en termes de préférences, d'attentes, de désirs, de motivations, de besoins… vous aide à être plus efficace dans vos relations. Cela contribue à mieux préparer et faire appliquer vos décisions. L'approche développée ci-dessous est basée uniquement sur l'observation du comportement des

---

1. *Les Types psychologiques*, C.G. Jung, Georg, 1990.

personnes. Elle ne demande pas de connaissances spéciales, ni de pénétrer dans la zone « privée » de la personne.

Vous devez coopérer avec une personne avec laquelle vous n'avez pas eu l'occasion de dialoguer auparavant. Quelques minutes d'entretien avec elle vous suffisent en général pour en déduire si :

- elle est plutôt formelle ou non dans les rapports ;
- elle a besoin d'informations détaillées ou synthétiques ;
- elle est plutôt réservée ou empathique.

Plus elle est différente de vous, plus cela vous demande un effort pour vous adapter : si vous êtes débordant d'enthousiasme pour un sujet, un interlocuteur froid, calme et réservé vous fait l'effet d'une douche froide et vous en déduirez peut-être qu'il n'est pas intéressé.

Avec une connaissance des typologies comportementales, vous comprendrez mieux son mode de fonctionnement et saurez adapter votre discours. Dans l'exemple ci-dessus, une personne qui vous semble froide (pour vous) a peut-être besoin de contrôler ses émotions. Elle n'aime pas extérioriser celles-ci, ce qui ne veut pas dire qu'elle ne s'intéresse pas à votre sujet.

Vous trouverez ci-après quelques clés pour découvrir les typologies et « décoder » vos interlocuteurs.

Les trois clés de lecture des comportements

Clé n° 1 : êtes-vous plutôt introverti ou extraverti ?

Dans le langage courant, un introverti est décrit comme quelqu'un de renfermé sur lui-même. À l'opposé, un extraverti est perçu comme débordant de vie.

Le sens donné par Jung est différent :

- Un *extraverti* pense à voix haute. Dès que vos propos l'interpellent et lui font surgir une idée, il ne peut attendre et vous coupe la parole pour l'exprimer (ce qui déstabilise l'introverti). D'ailleurs, même s'il se contrôle au niveau de la parole, sa gestuelle trahit son impatience.

- Un *introverti* est quelqu'un qui réfléchit en silence avant de parler. Il écoute en se concentrant sur ce que vous dites, fait peu de gestes, réfléchit à vos propos, puis vous répond après un temps de réflexion (qui peut paraître long pour un extraverti).

Si vous hésitez sur vous-même, faites le test suivant pour découvrir si vous êtes plutôt l'un ou l'autre.

Êtes-vous plutôt introverti ou extraverti ?		
Si vous êtes plutôt introverti, vous avez tendance à...	**Oui**	**Non**
... avoir la réputation de savoir écouter.		
... ne pas aimer être distrait dans votre travail (par quelqu'un ou par le téléphone).		
... avoir une difficulté à faire entendre votre point de vue dans un débat (si on ne vous le demande pas).		
... hésiter avant de répondre de suite à une demande.		
... préférer vous ressourcer seul plutôt qu'en compagnie d'autres personnes.		
Si vous êtes plutôt extraverti, vous avez tendance à...	**Oui**	**Non**
... exprimer vos idées dès qu'elles vous viennent à l'esprit.		
... entrer facilement en discussion avec des personnes que vous ne connaissez pas.		
... travailler plutôt en groupe que seul.		
... avoir un grand nombre de connaissances, baptisées « amis ».		
... préférer les grandes soirées à la compagnie de quelques amis proches.		
Notez votre réponse : I (pour introverti) ou E (extraverti). Rares sont les personnes totalement extraverties ou introverties. L'important est de repérer votre dominante, même si c'est 51 %/ 49 %. Si vous avez un doute, interrogez vos proches !		

Attention ! Ne tombez pas dans le piège de catégoriser l'autre :

- un extraverti peut devenir silencieux devant un supérieur hiérarchique, par exemple. Observez les gens plutôt entourés de personnes qu'ils connaissent bien, ils sont plus naturels dans ce cas ;

- il y a toujours plus extraverti ou introverti que soi ;
- le comportement change beaucoup en état de stress (*cf.* chapitre 7).

Clé n° 2 : êtes-vous plutôt « faits » ou « sentiments » ?

La deuxième clé concerne la gestion de vos émotions. Tout le monde a des émotions (sinon nous serions des ordinateurs ou des légumes). Simplement, par éducation, culture ou par expérience, vous pouvez avoir tendance à les extérioriser facilement ou non.

Cela peut-être lié aussi à la culture de votre entreprise ou à celle de votre service.

Êtes-vous plutôt « faits » ou « sentiments » ?		
Si vous êtes plutôt « faits », vous avez tendance à...	**Oui**	**Non**
… vous souvenir plus facilement des faits et des chiffres que des noms et des visages.		
… avoir besoin de comprendre avant d'approuver ou non.		
… argumenter sur une base logique même si votre position peut heurter votre interlocuteur.		
… penser qu'il n'est pas important d'apprécier les gens pour travailler avec eux.		
… peser le pour et le contre dans une discussion.		
Si vous êtes plutôt « sentiments », vous avez tendance à...	**Oui**	**Non**
… respecter les sentiments de votre interlocuteur en prenant une décision.		
… remettre en cause des décisions qui peuvent importuner vos interlocuteurs.		
… rechercher l'harmonie plutôt que la décision juste.		
… aider les gens.		
… penser qu'il est important d'apprécier son prochain et de se faire aimer.		
Notez votre réponse : F (pour Faits) ou S (pour Sentiment).		

À ce stade, vous êtes en mesure d'identifier où vous vous situez dans ce carré.

Prenez garde de ne pas vous enfermer dans un stéréotype de positionnement (ni de le faire pour les autres) :

- seules 3 % des personnes entrent purement dans un quadrant ;
- vous êtes présent dans les quatre quadrants, de manière plus ou moins importante. Ce qui est primordial, ce sont vos dominantes : les carrés où vous avez de fortes tendances et… votre opposé ;
- votre opposé est celui qui a exactement les résultats inverses de vous. Il vous est « opposé » parce qu'il a des modes de réflexion, de communication et des comportements opposés au vôtre. Il peut être du même avis que vous, mais il ne l'exprime pas de la même manière.

Nicole est ainsi à dominante « As de cœur », puis « As de pique ». Ce qui la caractérise en premier est sa sensibilité, son empathie, sa stabilité affable et réservée, sa patience, son attitude modérée et nuancée.

Son opposé (= la personne avec qui elle peut avoir le plus de mal à communiquer) est une personne à dominante « As de carreau »/« As de trèfle ». Ce qui caractérise cette personne est son côté direct et concret, sa capacité à prendre des décisions rapides et improvisées.

L'opposé peut considérer Nicole comme quelqu'un de laxiste, pour ne pas dire molle, parce que sa douce affectivité introvertie contraste avec son exigeante rationalité.

Clé n° 3 : êtes-vous plutôt « synthétique » ou « analytique » ?

Voici un peu de vocabulaire « jungien » à retenir.

- Les personnes qui aiment les faits concrets, qu'ils analysent avec leurs cinq sens, sont plutôt qualifiées de « sensation ». Le mot pouvant être ambigu, il lui sera préféré celui d'« analytique » (même si cela est un peu réducteur).

- Celles qui préfèrent gérer les situations avec leur sixième sens sont appelées « intuitifs ». Pour simplifier, nous les appellerons « synthétiques ».

Êtes-vous plutôt analytique (« sensation ») ou synthétique (« intuitif ») ?		
Si vous êtes analytique (« sensation »), vous avez plutôt tendance à…	**Oui**	**Non**
… préférer des instructions détaillées plutôt que des grandes lignes.		
… aimer les tâches avec des résultats tangibles.		
… lire tous les documents, magazines… du début à la fin plutôt que de les parcourir.		
… vérifier les faits qui vous sont rapportés.		
… vous soucier des détails.		
Si vous êtes synthétique (« intuitif »), vous avez plutôt tendance à…	**Oui**	**Non**
… aimer faire plusieurs choses en même temps.		
… vous intéresser à ce que vous aurez à faire plutôt qu'à ce que vous avez à faire.		
… détester les détails.		
… aller vite à l'essentiel.		
… jongler avec les délais.		
Notez votre réponse : A (analytique) ou S (synthétique).		

Si le côté « synthétique » est souvent corrélé avec l'extraversion (de même pour l'aspect « analytique » et l'introversion), l'inverse est tout à fait possible.

Tableau de synthèse. Le carré d'as[1] : reconnaître les typologies

	AS DE PIQUE : **PROFIL ANALYTIQUE**		**AS DE CARREAU :** **PROFIL DIRECTIF**
Corps	Posture stricte et contrôlée.	Corps	Posture ferme.
Ton	Peu d'inflexions, de variations.	Ton	Sûr de soi, direct, « confrontant ».
Rythme	Lent, réfléchi.	Rythme	Rapide, force dans l'intonation.
Attitude	Tourné vers les faits. Formaliste, conformiste. Systématique, logique. Se concentre sur la discussion. Partage peu ses sentiments.	Attitude	Affirme plus qu'il ne questionne. Parle plus qu'il n'écoute. « Carré » va droit au fait. S'exprime énergiquement. Peu tolérant.
Mots	Les faits, les chiffres. Éprouvé, sans risque. Analyse. Références, garanties. Essais, contrôles.	Mots	Gagner. Objectifs, résultats. Challenge, défi. Efficacité, performance. Maintenant.
	AS DE CŒUR : **PROFIL CONSENSUEL**		**AS DE TRÈFLE :** **PROFIL EXPANSIF**
Corps	Posture bienveillante.	Corps	Posture détendue, décontractée.
Ton	Chaleureux, stable.	Ton	Modulé, vivant, théâtral.
Rythme	Lent, posé.	Rythme	Rapide, beaucoup de gestes.
Attitude	Écoute plus qu'il ne parle. Garde ses opinions pour lui Réservé, peu de communication verbale. Compréhensif.	Attitude	Raconte des histoires. Partage ses sentiments. Exprime ses opinions. Dévie la conversation. Perception flexible du temps.
Mots	Pas à pas, progressif. Aider, accompagner. Partage, cohésion. Promesse, engagement. Accord, consensus.	Mots	Amusant. Passionnant. Je ressens. Créer une relation. Reconnaissance.

---

1. Extrait de *Développer son charisme et son leadership*, Gérard Rodach, Éditions d'Organisation, 2008.

REPÉREZ VOS SPÉCIFICITÉS EN TERMES DE PRISE DE DÉCISION

Vous connaissez maintenant votre typologie. Il s'agit, bien sûr, d'une mesure approximative. Néanmoins, elle peut vous mettre sur la voie pour adapter votre style de préparation de décision et de son application.

À chaque typologie (rappelez-vous que vous avez deux ou trois dominantes) est associé un certain nombre de comportements. Il n'y a pas de bonnes ou de mauvaises typologies. Chacune a ses avantages et ses inconvénients, selon les métiers et les situations. En fait, si vous allez plus loin dans la démarche, vous apprendrez que vous avez une typologie pour vos proches et amis et une autre que vous adoptez lorsque vous êtes en posture professionnelle.

Tableau de synthèse. Mode de décisions selon les typologies

	AS DE PIQUE : **PROFIL ANALYTIQUE**		**AS DE CARREAU :** **PROFIL DIRECTIF**
Les plus	Analyse. Contrôle. Minimise les risques. Se base sur l'expérience.	Les plus	Décide vite. Réactif. Va à l'essentiel. Orienté vers un objectif.
Les moins	Lenteur de la démarche. Trop procédurier. Délègue peu. Perdu en l'absence de faits.	Les moins	Va parfois trop vite. Oublie le facteur humain. Passe en force. Oubli l'expérience passée.
	AS DE CŒUR : **PROFIL CONSENSUEL**		**AS DE TRÈFLE :** **PROFIL EXPANSIF**
Les plus	Consensuel. Minimise les risques. Méthodique. Evite les conflits.	Les plus	Créatif. Intuitif. Influence par l'empathie. Rapide.
Les moins	A du mal à décider. Ne s'impose pas. Perd de vue l'objectif. Méthode lente.	Les moins	Instable. Oublie le concret. Sous-estime les risques. Peu de détails.

Retenez de ce tableau trois leçons :

- votre style de décision est adapté dans certaines circonstances et pas dans d'autres ;
- travaillez sur vous en réduisant l'impact des points faibles ;
- vous avez tendance à choisir des modes de décision adaptés à votre typologie. Faites-vous (un peu) violence en élargissant la gamme de mode de décisions que vous utilisez. Ainsi, même si un « As de carreau » aime les décisions en solo, il est de son intérêt d'utiliser, dans des cas appropriés, des modes collectifs. Cela facilitera l'implication de tous.

Tableau de synthèse. Les situations où un mode de décision est adapté

AS DE PIQUE : PROFIL ANALYTIQUE		AS DE CARREAU : PROFIL DIRECTIF	
Situations adaptées à cette typologie	Situation normée. Action récurrente. Respect de procédures.	Situations adaptées à cette typologie	Changement brusque. Urgence. Choix difficile.
Modes de décision préférés	Analyse de données. Procédure. Contrôle.	Modes de décision préférés	Solo. Agir puis réfléchir. Trancher.
AS DE CŒUR : PROFIL CONSENSUEL		AS DE TRÈFLE : PROFIL EXPANSIF	
Situations adaptées à cette typologie	Besoin de consensus. Du temps devant soi. Besoin de rassurer.	Situations adaptées à cette typologie	Situation nouvelle. Créer *ex nihilo*. Adaptation rapide.
Modes de décision préférés	Consensus. Réunion. Vote à l'unanimité.	Modes de décision préférés	Collectif. Intuition. Prise de risque.

Barnabé est à dominante « As de pique »/« As de cœur ». Son premier métier fut de travailler sur des bases de données dans une banque. La qualité du travail réalisé le propulsa au marketing de la banque. Dans

ce service, la culture était plutôt « As de trèfle »/« As de cœur ». Il réussit à s'adapter et prit en charge le commercial. Les relations deviennent alors plus complexes avec des vendeurs plutôt « As de trèfle »/« As de carreau » qui sont ses opposés.

REPÉREZ VOTRE ENTOURAGE

Se connaître, c'est mieux apprécier ses forces et ses faiblesses en termes de mode de décision. Comme il n'existe pas en soi de bon ou de mauvais style en décision, une adaptation de votre style dominant peut être utile en fonction de la situation et/ou de vos interlocuteurs.

Pour cela, il est important que vous définissiez bien préalablement les personnes concernées ou impliquées par la décision dans votre entourage.

Bien délimiter les personnes impliquées

Voici deux méthodes complémentaires :

Définir le « M.A.N. »

Lorsque vous avez à prendre une décision (ou à exécuter une décision qui vous a été transférée), il n'y a pas que vos collaborateurs ou collègues directs qui sont impactés. D'autres personnes peuvent avoir leur mot à dire ou leur signature à apposer :

- ce peut être aussi bien un responsable financier, pour l'exécution des dépenses ou le service juridique, pour la légalité de l'action ou des contrats à engager ;
- leur action est de nature positive (donner un feu vert) ou négative (capacité à émettre un droit de veto pour non respect de règles ou de procédures).

Pour éviter d'oublier une personne-clé (dans l'absolu, tout le monde est concerné à un titre ou un autre), voici une méthode mnémotechnique : l'approche « M.A.N. ».

M pour Moyens

Qui a les moyens ? Ce peut être un responsable financier pour le budget (si celui-ci est hors budget), un responsable juridique (pour la rédaction ou le contrôle de contrats)… En bref, tout service ou toute personne qui a un rôle de support dans l'application de cette décision. Comme évoqué plus haut, leur rôle est souvent de contrôler : le respect des procédures, la légalité de l'action, les engagements budgétaires…

A pour Autorité

Qui a l'autorité de signature, le pouvoir de dire « oui » ou « non » ? Ce peut être une ou plusieurs personnes, un comité… Il peut, bien sûr, y avoir des noms communs avec ceux qui ont les « moyens ». La grande différence avec ceux qui ont les « Moyens » est leur pouvoir de trancher.

N comme nécessité

Cela concerne ceux qui vont devoir la mettre en œuvre, qui en ont l'utilité ou la… nécessité. Certains d'entre eux peuvent aussi avoir les « moyens » ou l'« autorité ». Cela ne se limite pas seulement à vos collègues ou collaborateurs directs, mais s'étend à ceux qui sont concernés directement.

Pour remédier à des dysfonctionnements de service, vous décidez une modification des horaires de votre service d'assistance aux clients. Il n'y a pas que le personnel du plateau d'accueil téléphonique qui est impacté. Cela concerne aussi les commerciaux (pour l'information client), le standard (si les clients appellent par ce biais), l'administration commerciale, les techniciens d'intervention…

Le nombre et le niveau de personnes concernées au titre du « M.A.N. » peuvent varier selon l'importance de la (ou des) décisions à prendre. Certains peuvent être des « permanents », d'autres intervenir au gré des besoins. Pour cela constituez-vous une cartographie autour d'une décision à prendre, comme suit.

Grille « M.A.N. »

	Qui est concerné ?	À quel titre ?
Moyens		
Autorité		
Nécessité		

La cible

Il s'agit d'un outil complémentaire adapté lorsqu'il y a un grand nombre d'interlocuteurs concernés. Comme tous vos interlocuteurs ne sont pas concernés au même niveau et au même titre, vous devez définir une grille de priorités et de contacts.

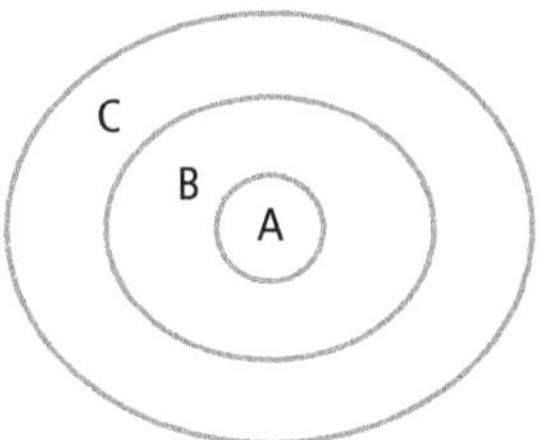

Au centre, le cercle (A) comporte ceux avec qui vous serez en contact direct ou qui sont fortement impliqués dans l'action. Prévoyez des contacts aussi bien en face à face qu'au téléphone ou par écrit.

Le deuxième cercle (B) comprend ceux qui ne sont pas en première ligne, qui vont avoir un rôle plus ou moins important à un moment, mais pas tout le long du parcours

Le troisième cercle (C) regroupe ceux qui sont concernés de manière secondaire : à leur niveau, il y a un simple besoin d'information. Leurs retours sont souvent intéressants parce qu'ils peuvent repérer des dysfonctionnements.

Repérez les typologies de vos interlocuteurs

Ce travail vous sert non seulement lors de la préparation de la décision, mais aussi pour sa mise en application. Lors de la préparation de la décision, concentrez-vous sur les cercles « A » et « B ». Identifiez les personnes concernées et cherchez à définir leur typologie.

Vous les connaissez ou pouvez les rencontrer, les observer… : appréciez leur typologie avec les clefs proposées ci-dessus.

Vous n'en avez pas l'opportunité ? Interrogez les personnes de votre entourage qui les ont rencontrées.

Cela ne suffit pas ? Voici une méthode astucieuse pour vous mettre sur la bonne voie.

Tableau de synthèse. Repérage des typologies par la voix

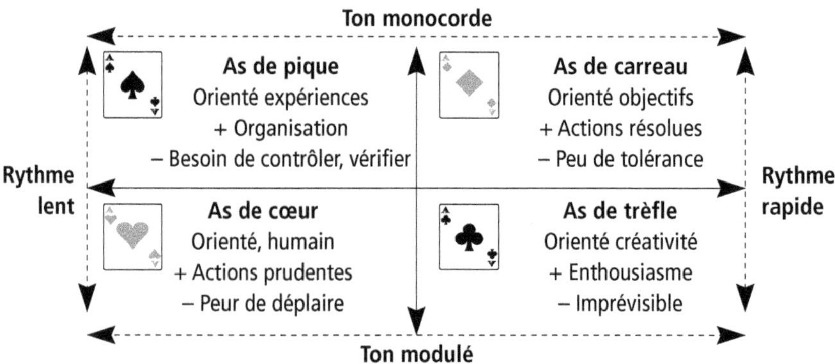

Avec un peu de pratique, au téléphone, vous identifierez votre interlocuteur en moins d'une minute de conversation !

COMMENT COMMUNIQUER AVEC CHACUN DE VOS INTERLOCUTEURS ?

L'utilité à ce stade est de bien comprendre le mode de fonctionnement de chacun de vos interlocuteurs.

Tableau de synthèse. Les préférences de communication de vos interlocuteurs

| **As de pique** Aime les écrits, les documents détaillés. Va vérifier. | **As de carreau** Aime les présentations succinctes, les documents synthétiques. Veut décider (lui proposer une alternative). |
| **As de cœur** A besoin d'avoir confiance en vous. Aime les documents méthodiques. A besoin d'être rassuré sur les conséquences sur les personnes. | **As de trèfle** Culture orale. A besoin d'être stimulé au niveau créatif. Aime trouver des solutions. |

Lorsque vous préparez votre décision, vous constatez que l'implication de vos interlocuteurs en face à face ou au téléphone peut nécessiter des approches différentes.

REPÉREZ VOTRE MODE DE FONCTIONNEMENT PERSONNEL.

Si vous êtes plutôt « As de pique ». Vous vous adapterez alors sans vous en rendre compte à un « As de Carreau » ou un « As de cœur ». Par contre, vous devrez bien vous préparer pour communiquer avec un « As de trèfle ». Si vous lui envoyez une présentation avec 92 transparents pour lui demander son avis, il y a peu de chances qu'il ne vous réponde. En revanche, échanger oralement avec lui pour lui demander son avis et des idées sur tel ou tel thème le fera réagir positivement.

En pratique, ne construisez pas des argumentations différentes pour chacune des typologies. Préparez surtout celle pour vos opposés !

Comment convaincre individuellement des collègues ?

Julien travaille dans une société d'ingénierie. Il a, en autres, à réaliser mensuellement un tableau de performances qui inclut les résultats de différentes plateformes régionales. Comment convaincre ses collègues travaillant sur celles-ci de lui remonter en temps et en heures les données ?

Il a d'abord envoyé un mail pour les en informer, mais cela a été sans grand succès au niveau des retours : certains ne l'avaient pas vu, d'autres pas lu, d'autres, enfin, n'avaient pas perçu l'importance ou l'urgence de la situation.

Il change alors de méthode : il bâtit son « M.A.N. » et cible d'abord ceux qui en ont l'Autorité et la Nécessité en termes d'utilisation (notamment les supérieurs hiérarchiques des régionaux). Il les rencontre (ou les appelle) un par un et valide leurs besoins et l'utilité de la démarche. Il se retourne ensuite vers ses sept collègues en région et identifie leur typologie.

As de pique Julien (auteur du tableau) Région 1 Région 3	**As de carreau** Région 2 Région 5
As de cœur Région 4 Région 7	**As de trèfle** Région 6

Avec les « As de Carreau », il va droit au but, leur propose deux manières de coopérer et les laisse décider du choix.

Avec les « As de Pique », il leur donne des instructions détaillées avec une procédure, en soulignant la décision hiérarchique prise par leurs propres responsables.

Avec les « As de Cœur », il fait plus amplement connaissance avec eux, crée de bonnes relations et souligne que cela n'est pas un instrument de flicage, mais plutôt un outil permettant de valoriser les réalisations et de mettre en valeur leurs collaborateurs.

Avec l'«As de Trèfle », il lui demande son avis, prend en compte certains de ses avis et le remercie chaleureusement.

L'opération fonctionne bien. Il l'entretient alors en adressant, de temps à autres, des mots de félicitations pour leurs retours aux « As de Pique » et « As de Cœur ». Il appelle, plutôt que de leur écrire, les « As de Carreau » et les « As de Trèfle ».

SYNTHÈSE

La typologie comportementale vous permet de comprendre les autres, de mieux communiquer avec votre entourage et, ainsi, de bien faire passer vos décisions. Cela suppose d'abord de se connaître pour saisir son propre mode de décision préféré et se rendre compte s'il est adapté dans la situation présente. Il vous faut ensuite délimiter quels sont les acteurs impliqués en amont (préparation) et en aval (application). Vous êtes alors à même d'analyser leur typologie afin d'adapter votre discours. Bien sûr, nombre de ces argumentations se font en réunion. C'est ce que vous étudierez dans le prochain chapitre.

Autodiagnostic		
Avez-vous tiré parti des informations de ce chapitre ?		
Avez-vous...	**Oui/ non**	**Les enseignements que vous en tirez**
... repéré vos dominantes en termes de typologie ?		
... interrogé votre entourage pour les valider ?		
... apprécié votre mode de décision préféré ?		
... mesuré si ce mode de décision est adapté à la situation présente ?		
... listé les personnes impliquées en amont et en aval ?		
... utilisé le M.A.N ou la cible ?		
... cerné les typologies des principaux interlocuteurs ?		
... préparé une argumentation spécifique pour les typologies opposées ?		

Une large majorité de « Oui » ? Bravo ! Vous êtes prêts à aller plus loin.

4 Faire adopter sa proposition de décision en réunion

En entreprise, nombre de décisions sont prises ou entérinées en réunion. Depuis une vingtaine d'années, les managers ont pratiquement tous suivi des séminaires sur l'animation de réunions. Par ailleurs, une multitude d'entreprises a mis en place des procédures pour les optimiser.

Malheureusement, les réunions à la « française » restent des réunions peu efficaces, entachées de jeux de pouvoir, de retards, de non-respects du planning…

Comment agir au mieux pour y faire avaliser ses décisions ? Voici les quatre aspects à prendre en compte :

- les spécificités des modes de décision en réunions ;
- la préparation de la réunion, un outil-clé ;
- la dynamique de décision en réunion ;
- les quatre étapes pour favoriser la décision.

LES SPÉCIFICITÉS DES MODES DE DÉCISION EN RÉUNIONS

Vous avez peut-être joué à des jeux en formation comme celui de la NASA où vous devez, en équipe, classer des items par ordre d'importance pour votre survie (il existe des variations dans le désert, dans l'Himalaya,…).

Vous avez éventuellement vu le film *12 Hommes en colère*, du réalisateur Sydney Lumet (1924-), un film ancien (1957) mais qui repasse régulièrement à la télévision : un jury de douze personnes doit décider si l'accusé est coupable ou non. Au départ, tous les jurés sont convaincus qu'il est coupable. Un, toutefois, trouve cela trop évident. Il donne un vote favorable à l'accusé. Au fur et à mesure que les autres membres du jury tentent de le convaincre en décortiquant chaque preuve, le jury découvre que celle-ci n'est finalement pas valable. Le film montre les jeux de relations et de pouvoir dans un groupe.

Tous ces jeux et films montrent la complexité de la décision collective. Ils soulignent que si en groupe la responsabilité est collective, les risques sont aussi bien plus analysés et disséqués. Les phénomènes de groupe peuvent conduire alors à des décisions plus risquées que celles qu'aurait prises individuellement chaque personne.

Pourquoi cette complexité ?

Irving Janis (1918-1990), professeur de psychologie aux USA, est l'inventeur du concept de « pensée de groupe » (*groupthink*). Le terme décrit le processus selon lequel les individus d'un groupe ont tendance à rechercher le consensus plutôt qu'à appréhender de manière réaliste la situation. Le danger d'un tel phénomène est que le groupe peut prendre de mauvaises décisions ou des décisions irrationnelles, même si les individus du groupe auraient personnellement pris une autre décision.

Dans une telle situation de pensée de groupe, chaque membre essaye de conformer son opinion à ce qu'il croit être le consensus du groupe sans se poser la question de ce qui est réaliste. La conséquence est une situation dans laquelle le groupe finit par se mettre d'accord sur une action que chaque membre croit peu sage.

Jerry B. Harvey raconte dans son livre *Le Paradoxe d'Abilène et autres méditations sur le management*[1] une fable illustrant la difficulté d'un groupe à prendre une décision et gérer collectivement son accord. Dans celle-ci, aucun des quatre membres d'un groupe ne souhaite se rendre à Abilène, mais par crainte de s'offenser et de se contredire

___

1. San Francisco : Jossey-Bass, 1988.

mutuellement, ils finissent tous par y aller. La principale leçon à en tirer est que, dans certaines conditions, un groupe non structuré peut entériner des décisions par consensus alors qu'en fait, aucun des participants ne soutenait la proposition initiale et, à bulletins secrets, aucun d'entre eux n'aurait voté pour.

De manière moins dramatique, le résultat peut être une décision collective qui ne satisfait personne, car elle n'est pas le résultat de la concertation des différents besoins de chaque individu.

Voici quelques symptômes de la pensée de groupe.

La pression de la conformité

Une forte pression est exercée sur les individus pour qu'ils s'alignent sur la volonté du groupe et pour qu'ils ne soient pas en désaccord avec lui, sinon ils sont écartés des débats, voire sanctionnés ou expulsés.

La transformation de l'opposant en stéréotype

Lorsqu'un opposant est considéré avec partialité ou avec des préjugés, ses affirmations qui contredisent les convictions du groupe sont ignorées.

L'autocensure

Les membres du groupe préfèrent garder leurs opinions divergentes pour eux, plutôt que de déserter le navire.

Les principaux modes de décision en réunion

De même, au niveau de la décision, Edgar Schein (1928-), professeur de management au MIT Sloan School of Management (États-Unis), a identifié les six principaux processus de décision de groupe en entreprise :

- *(non)-décision par manque de réponse :* personne ne réagit à une suggestion faite par un membre du groupe ;

- *décision par autorité formelle* : la personne du rang hiérarchique le plus élevé en groupe décide de l'action à exécuter. Il n'y a généralement pas de débat, mais si le groupe n'a pas « acheté » la décision, celle-ci risque de ne pas être réalisée ;
- *décision par auto-réalisation* : l'initiateur d'une idée prend le silence du groupe pour un consentement tacite ;
- *décision à la majorité* : intellectuellement satisfaisante, elle peut conduire à l'émergence de coalition et à la recherche de revanche par les perdants ;
- *décision par consensus* : un processus lent valable pour des décisions importantes ;
- *décision à l'unanimité* : la meilleure mais la plus difficile méthode.

Imaginez un groupe de personnes qui doit résoudre un problème simple (par exemple, calculer un temps de parcours). Chaque participant dispose de quelques éléments d'informations, certains utiles à la recherche de la solution, d'autres non. Le jeu n'a pas de limite de temps (les groupes les plus rapides le font en six minutes, la grande majorité entre dix et quinze minutes, d'autres n'y arrivent pas suite au refus de certains de participer).

En pratique nous constatons :

- tout le monde veut arriver à une solution sans se concerter ;
- il y a des conflits de méthodes en permanence, même quand la majorité en a choisi une (il y a deux principales méthodes pour arriver à la solution), certains remettant en cause la méthode choisie en permanence ;
- les personnes s'écoutent peu ;
- lorsque le groupe a trouvé la solution, un tour de table donne le constat suivant : un tiers est capable d'expliquer la démarche pour y parvenir, un deuxième tiers a compris l'idée, mais ne peut la refaire, un dernier tiers s'en est désintéressé et fait « confiance » aux leaders.

LA PRÉPARATION DE LA RÉUNION, UN MOMENT-CLÉ

La préparation de la réunion est un moment-clé, et ce pour trois raisons :

- dans une réunion, où il y a beaucoup de sujets à traiter, tout peut aller très vite : si votre proposition requiert un peu d'attention et de concentration, tout dépendra de l'importance relative accordée à ce sujet par les participants ;

- la gestion du temps sur le mode urgence fait que nombre de managers arrivent non préparés dans une réunion (= sans avoir pris connaissance des documents adressés) ;

- si certaines personnes lisent tout (typologie « As de pique ») d'autres ne lisent guère (« As de trèfle ») ou succinctement (« As de carreau »). Un contact en amont en face à face ou au téléphone permet de mieux faire passer ses idées.

Comment gérer au mieux le temps de préparation ? Vous n'avez pas forcément la disponibilité, ni vos interlocuteurs non plus, pour tous les voir.

Voici une méthode de préparation :

- identifiez le « M.A.N. », voire les cibles ABC ;

- choisissez parmi les membres du comité les personnes-clés : soit par le rang hiérarchique, soit par leur positionnement sur le « M.A.N. » ;

- bâtissez une cartographie de la réunion. Un groupe se divise généralement en trois composantes :

25 % pour	50 % hésitants	25 % contre

Vous avez peu de chances de convaincre les « contre ». Misez plutôt sur les « hésitants ». Regroupés avec les « pour », ils vous permettront d'obtenir une majorité des voix suffisantes pour emporter la décision.

Cela suppose donc, en amont, de concentrer votre temps sur quelques personnes-clés. Adaptez alors votre argumentation en amont de la réunion en fonction de leur typologie.

Tableau de synthèse. Les modes d'argumentation en préparation de réunion

Typologie	Besoins
As de carreau	Un contact plutôt en face à face, une présentation synthétique de votre proposition avec les gains (mettre en avant les bénéfices). Lui proposer des alternatives et le laisser décider.
As de trèfle	Un contact en face à face, pas de documents. Lui faire imaginer les bénéfices et tout ce qu'il peut en tirer.
As de cœur	Lui parler d'abord de vous. Expliquer ensuite méthodiquement le but de la décision. Mettre en avant l'impact sur les personnes concernées. Montrer que cela leur sera profitable.
As de pique	Lui envoyer des documents détaillés avec une approche méthodique de la démarche (de A à Z). Être précis et concret. Vérifier ensuite s'il a besoin d'informations complémentaires.

Sur un plan plus général, n'hésitez pas à bâtir des relations régulières avec les décideurs que vous devez retrouver régulièrement dans ces réunions.

Préparation d'une réunion

Stéphanie a été chargée de mener une consultation pour le choix d'un prestataire pour des travaux de maintenance. Elle doit présenter ses recommandations au comité de direction, auquel s'ajouteront deux autres acteurs impliqués dans le choix final : le responsable de la maintenance et l'acheteur.

L'objet de la réunion est de choisir ce prestataire. Elle sait que le sujet est sensible :

- politiquement d'abord, parce que jusqu'à présent les travaux étaient réalisés en interne. Le responsable de la maintenance, ses équipes et les syndicats sont « vent debout » contre ce projet ;
- économiquement ensuite, parce qu'il lui faudra démontrer un gain économique significatif ;
- techniquement enfin, parce que tout panne serait préjudiciable et immédiatement mise sur le compte de la sous-traitance.

Les opposants au projet vont chercher à bloquer le choix.

Elle a, bien sûr, des atouts :

- l'appui des directions générales et financières ;
- le fait qu'il s'agisse du troisième projet d'externalisation dans l'entreprise. Les deux premiers fonctionnent bien après un temps de « rodage » ;
- les concurrents utilisent des approches de ce type. Les sociétés présélectionnées pour cet appel d'offres ont du savoir-faire et des références en ce domaine ;
- les techniciens employés en maintenance vont être soit repris par le sous-traitant avec une garantie de contrat de travail sur deux ans, soit redéployés : pas de licenciement en perspective.

En amont de la réunion de désignation du prestataire, Stéphanie prépare sa réunion :

« M.A.N. »	
Moyens	Directeur financier (montant et clauses financières) (As de pique) Responsable maintenance (son budget) (As de cœur)
Autorité	*Pouvoir de dire « oui » :* Directeur général (signature) (As de carreau) ; Les autres membres du comité directeur ; Directeur commercial (As de trèfle) ; DRH (As de cœur) ; Directeur marketing (As de trèfle). *Pouvoir de dire « non » :* Directeur juridique (contrôle clauses juridiques), (As de pique) ; Acheteur (respect appel d'offres), (As de carreau) ; Directeur financier (clauses financières), (As de pique).
Nécessité	Maintenance (As de pique/As de cœur) Directeur technique (As de carreau/As de pique)

Comment se répartissent-ils ?

Pour	Hésitants	Contre
Directeur général Directeur financier Directeur marketing	DRH Directeur commercial	Responsable maintenance Directeur technique

Elle décide de concentrer son action en amont sur le DRH et le directeur commercial. Elle demande à les rencontrer.

Ainsi, elle argumente auprès du DRH sur son expérience de sujets similaires et le respect des aspects humains. Elle le rassure sur les critères de choix de l'entreprise qui sera sélectionnée et l'enquête préalable qui sera faite.

Auprès du directeur commercial, elle valorise le nouveau rôle de technico-commercial qui sera dévolu aux techniciens déployés et l'appui qu'ils pourront ainsi apporter aux commerciaux en avant-vente.

Puis, elle appelle le directeur général pour lui présenter deux options de déroulement de la réunion et le laisse choisir celle qu'il estime la plus adaptée. Elle déjeune avec le directeur marketing et cherche avec lui des arguments « pour ». Enfin, elle fait au suivre au directeur financier la méthodologie utilisée.

LA DYNAMIQUE DE DÉCISION EN RÉUNION

Si vous êtes l'animateur de la réunion, rappelez-vous qu'il y a une dynamique de groupe comme il y a une dynamique individuelle : le groupe est une personne morale avec une finalité, une existence et une dynamique propre.

Les phases de vie d'un groupe

Un groupe a besoin d'être organisé et de pouvoir s'exprimer. Vous devez respecter les multifacettes des discussions en facilitant un débat et la recherche d'un compromis.

Certains membres verront d'abord les aspects négatifs (« As de pique et As de cœur »), d'autres les aspects positifs (« As de carreau et As de trèfle »). Cela ne veut pas dire d'emblée qu'ils sont « contre » ou « pour ». C'est simplement leur logique d'apprécier une situation.

Fort de ce constat, ne prenez pas pour argent comptant les premières remarques sur votre projet. Sachez que tout groupe passe par cinq phases :

• *Phase de dépendance* : « Nous ne savons pas, nous ne comprenons pas. »
  = il faut rassurer le groupe, le nourrir, l'orienter.

- *Phase d'opposition :* « Nous ne comprenons pas, nous n'y arrive-rons pas. »

  = accepter cette opposition sans en débattre frontalement.

- *Phase de participation :* « Nous comprenons, mais nous n'y arrive-rons pas comme cela. »

  = revoir ensemble les objectifs, le but final.

- *Phase de responsabilisation :* « Nous comprenons et nous pensons y arriver. »

  = le groupe s'approprie la solution en y mettant son « empreinte » (modifications plus ou moins mineures).

- *Phase d'autonomie :* « C'est bon, allez-y ou non ! »

Ce déroulement de la vie de groupe peut être frustrant pour l'animateur qui ne comprend pas toujours qu'un groupe puisse s'opposer avant de revenir sur sa position et adhérer. C'est toutefois le moyen qu'a un groupe, en tant que personnalité propre, de s'approprier le sujet.

Les dynamiques individuelles au sein de la réunion

La dynamique de réunion, c'est à la fois un groupe et un ensemble de personnalités individuelles. N'oubliez donc pas que les protago-nistes peuvent avoir des attitudes différentes.

	As de carreau	+ : synthétique, centré sur l'objectif, veut arriver vite à la décision. − : oublie les détails et si tout le monde suit.
	As de trèfle	+ : propose des alternatives, recherche d'autres possibilités. − : sort souvent du sujet.
	As de cœur	+ : s'assure que chacun suit et de l'impact de la décision au niveau « humain ». − : s'exprime peu spontanément, peut bloquer l'exécution ensuite.
	As de pique	+ : vérifie le processus et les détails. − : n'aime pas l'incertitude et la part de risque.

Outil

Valider votre approche d'une réunion

	Oui	Non
Je définis le thème, les objectifs et la procédure.		
Je montre que je possède mon sujet.		
Je montre par mes gestes et attitudes que je suis à l'aise.		
J'incite à parler et vais rechercher les « muets » qui me sont favorables.		
Je montre mon écoute.		
Je respecte les opinions exprimées.		
Je fais plutôt réagir un membre du groupe sur une opinion contestable pour garder une certaine « neutralité ».		
Je fais des synthèses et des résumés régulièrement.		
Je fais un tour de table en fin de débat.		
Je reformule ce qui a été décidé et remercie le groupe.		

LES QUATRE ÉTAPES POUR FAVORISER LA DÉCISION

Vous pouvez coupler l'approche de la typologie avec la dynamique de groupe en réunion.

Utilisez une méthode en quatre étapes

1re étape : utiliser votre typologie « As de pique »

- Vérifier que l'objet de la décision est partagé par tous les participants.
- Choisir une méthode de travail et la faire valider.
- Rassembler les faits autour de cet objectif.
- Chiffrer les hypothèses.
- S'assurer de la bonne compréhension de tous.

2ᵉ étape : favoriser la maturation avec votre typologie « As de trèfle »

- Apprécier les « pour/contre » de chaque hypothèse.
- Rechercher des solutions alternatives (créativité).
- Les visualiser.
- Ne pas censurer, ni brider (interdit d'interdire).

3ᵉ étape : prendre en compte le ressenti de chacun avec votre « As de cœur »

- Permettre à chacun d'exprimer ses peurs et ses craintes par rapport aux hypothèses.
- Favoriser l'écoute mutuelle.
- Proposer de construire une grille de choix avec des critères tant techniques qu'humains.
- Choisir une solution.

4ᵉ étape : consolider la décision avec votre « As de carreau »

- Développer les avantages/inconvénients de la solution (validation).
- Calculer la faisabilité et la rentabilité.
- Tester la faisabilité sous différents aspects (financière, juridique…).
- Planifier des actions.

Il est important de coupler ce choix de deux manières : d'une part, par l'utilisation d'approches pédagogiques à chaque étape ; d'autre part, en montrant votre écoute.

Jouez avec des approches pédagogiques

Une décision peut être imposée ou faire l'objet d'un consensus. Dans tous les cas, il est conseillé de permettre aux participants de s'impliquer dans la réunion. À une condition : bien séparer en amont les aspects négociables de ceux qui ne le sont pas.

1re étape	Consensus autour d'une méthode de travail. Travail au paper-board ou par vidéo-projection sur les données. Chiffrage par petites équipes, puis partage et synthèse.
2e étape	Travail en deux sous-groupes, puis synthèse. Utilisation d'approches créatives pour trouver des alternatives (*cf.* chapitre 5).
3e étape	Travail avec des Post-it : chacun exprime anonymement ses espoirs et ses peurs. Construire en groupe une grille de décision avec les critères.
4e étape	Calcul de la faisabilité en grand groupe. Jeu de l'avocat du diable : chercher à « casser » la solution. Lister les questions en suspens.

Montrez votre écoute dans tous les cas

Votre tempérament latin vous conduit souvent à vivre avec vos « tripes » la prise d'une décision à laquelle vous tenez. Il en ressort un mélange d'émotion et de rationalité lorsque vous écoutez les objections qui vous sont faites, d'où parfois des réactions un peu vives.

Bernadette est chargée de la campagne de lancement d'un nouveau produit pharmaceutique. Tout est prêt. Elle y croit et est persuadée que sa campagne va bien fonctionner. À J -6 du lancement, sa direction lui demande de tout arrêter. Le prix de remboursement proposé par la Sécurité sociale est inférieur aux attentes. Le laboratoire décide de retarder à court terme le lancement pour voir s'il est possible d'arranger les choses, voire d'annuler carrément la mise sur le marché. Bernadette est folle de rage. Elle prend cela pour une attaque personnelle, même si elle n'est pas responsable des aspects réglementaires et médicaux.

Vous exprimez votre écoute non seulement par vos paroles, mais également et surtout votre gestuelle, vos mimiques et vos attitudes.

Quelles sont les principales formes d'expression ? Le psychologue américain Elias Porter (1914-1987) a bâti (entre autres) une approche sur l'écoute. Il y montre que celle-ci peut être présentée au travers de six attitudes : le jugement, la décision, le soutien, l'interprétation, l'enquête et la compréhension (reformulation). Spontanément, nous utilisons les cinq premières attitudes. La dernière, l'écoute optimale, ne s'obtient qu'après un travail personnel sur soi.

Imaginons que vous rencontriez dans le couloir votre responsable, qui vous dit : « Je ne suis pas sûr que le comité entérinera votre proposition d'action. Vous devriez revoir votre position. » Voici des exemples de réponses possibles, selon votre attitude d'écoute. Plus vous descendez dans cette grille, meilleure est votre écoute :

Attitude	Contenu	Exemples	Effets positifs et négatifs
Jugement	J'approuve mon interlocuteur, je le désapprouve, je donne mon idée sur ce qu'il a exprimé ou sur ce qu'il est.	*« Ils sont fous. Ils n'ont rien compris»*	+ Si je donne raison à mon interlocuteur, je lui fais plaisir. – Si je lui donne tort, il peut se sentir attaqué.
Décision	Je dis à mon interlocuteur ce qu'il doit ou ce qu'il devrait faire et lui propose des solutions.	*« Je vais les convaincre ! »*	+ Je suis constructif. – Je limite l'autonomie de mon interlocuteur.
Soutien	Je veux calmer mon interlocuteur, le consoler, lui remonter le moral.	*« Je vous rassure, cela va s'arranger. »*	+ Mon interlocuteur se sent rassuré. – Je donne l'impression de me débarrasser ainsi à bon compte des problèmes.
Interprétation	Je traduis les paroles entendues et propose des explications. Cela nécessite l'accord de mon interlocuteur sur mon interprétation.	*« J'avais bien dit que le projet précédent nous a handicapés. »*	+ Je donne un autre éclairage. – Mon interlocuteur peut craindre par la suite de parler s'il trouve mon interprétation hâtive.
Enquête	J'interroge mon interlocuteur, je le questionne. Je l'incite à répondre.	*« Comment l'expliquez-vous ? »*	+ Je montre de l'intérêt. – Mon interlocuteur peut s'impatienter et avoir l'impression de passer un interrogatoire.
Compréhension (reformulation)	J'exprime ce que j'ai perçu de mon interlocuteur. Je lui renvoie cette image sans y ajouter ou y retrancher quoi que ce soit.	*« Je comprends votre inquiétude. »*	+ Mon interlocuteur se sent écouté. – Je peux montrer un refus de dire ce que je pense.

Synthèse

Le fait d'être en groupe change non seulement les comportements individuels, mais aussi le mode de décision. Dans ce contexte, il est important de bien préparer sa réunion en amont, d'une part, en repérant les « pour et contre », et d'autre part, en « travaillant » les hésitants avant la réunion pour en faire des alliés. Durant la réunion proprement dite, acceptez les phases de vie du groupe qui peuvent parfois vous dérouter. Pour cela, animez votre réunion en fonction des phases de la vie d'un groupe en utilisant des outils pédagogiques qui favorisent la prise de conscience et en faisant preuve d'écoute.

Autodiagnostic

Avez-vous tiré parti des informations de ce chapitre ?

Avez-vous...	Oui/ non	Les enseignements que vous en tirez
... vécu en réunion tout ou partie des symptômes de la pensée de groupe ?		
... apprécié les principaux modes de décision en groupe utilisé par votre management ?		
... un mode de préparation habituel ?		
... été capable de lister les hésitants lors d'une préparation de prise de décision ?		
... observé les phases de vie du groupe lors de vos réunions ?		
... validé l'approche de la préparation de votre prochaine réunion de prise de décision ?		
... testé la méthode des quatre étapes ?		
... utilisé des outils pédagogiques ?		

Une large majorité de « Oui » ? Bravo ! Vous êtes prêts à aller plus loin.

PARTIE III

COMMENT TRADUIRE CES DEUX NIVEAUX DANS L'APPLICATION ?

Vous avez réussi à convaincre individuellement et/ou collectivement les personnes impliquées dans la décision. Il vous faut maintenant passer à l'action. Cela peut nécessiter aussi en amont de bien vérifier les causes et conséquences de votre décision pour en mesurer la portée et limiter les risques.

5 Enrichir sa boîte à outils

Qu'il s'agisse de préparer sa décision ou de développer les actions qui en résulteront, le recueil et le traitement des informations se doivent d'être les plus objectifs et les plus réalistes possibles. En effet, le décideur, quelles que soient son intelligence et son expérience, ne peut ni absorber toutes les informations, ni en voir toutes les facettes.

Cela suppose non seulement de bien adapter sa méthode de recueil des informations, mais aussi de traiter celles-ci de la façon la plus adéquate possible. Pour cela, le décideur doit enrichir sa boîte à outils en termes de mode de recueil et de traitement de l'information.

Ces méthodes et outils peuvent se regrouper en quatre thèmes :

- les méthodes de décision ;
- les outils issus des méthodes de résolution de problèmes ;
- les outils issus de la stratégie ;
- les outils issus des techniques de créativité.

MÉTHODES DE DÉCISION : AVANTAGES ET RISQUES

Le mode unique de traitement de l'information n'existe pas. Toutefois, même si les situations et les contextes sont innombrables, les méthodes peuvent se regrouper sous trois grands styles avec chacune leurs avantages et leurs inconvénients.

Les trois principaux styles de mode de décision

Face à un ensemble d'informations, un décideur peut agir de trois façons :

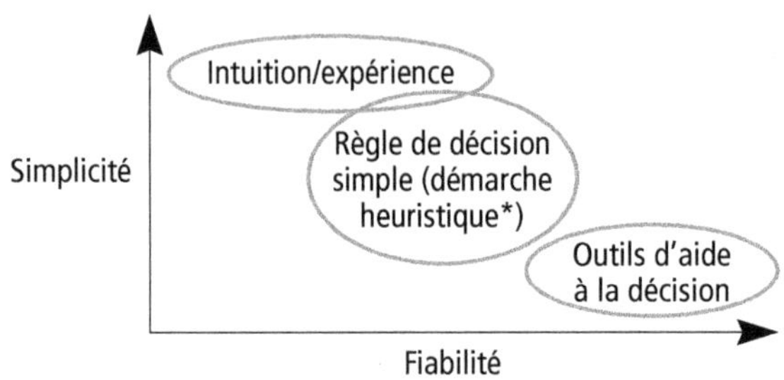

* Une démarche heuristique est une règle de décision explicité et simple.

Chacune des trois grandes méthodes a ses avantages, mais aussi ses risques.

Méthode	Avantages	Risques
Intuition	Rapidité Adaptée aux actes quotidiens Basée sur l'expérience	Peut être inadaptée à la personne ou à la situation Parfois trop rapide
Heuristique	Rapidité (habitude) Permet de traiter des cas complexes récurrents Cohérence des décisions Peut être anticipée par les autres	Simplification de la réalité Lecture unique des événements
Outils d'aide	Fiabilité Utile pour les décisions complexes ou à enjeux importants	Lenteur Sélection des critères Incompréhension par ses interlocuteurs

Si vous rapprochez cela des typologies, les personnes privilégiant les faits (« As de carreau » et « As de pique ») utilisent plutôt des schémas heuristiques, alors que les « As de trèfle » et les « As de cœur » font plus appel à l'intuition dans un premier temps.

Les pièges cachés des modes de décision

Quel que soit le mode de traitement de l'information choisi, il existe cinq grands pièges qui guettent le décideur.

La facilité du *statu quo*

Autrement dit, il s'agit de l'habitude. Cela peut concerner soit la situation (un décideur décide de privilégier par confort le *statu quo* et adapte alors son mode de décision vers ce but), soit la décision elle-même (le décideur prend la décision habituelle, alors que le contexte est différent).

La peur de l'incertitude : un décideur, par peur du risque induit par le changement, peut continuer à rester dans le contexte de décision habituel dans l'attente de plus d'informations. Dans des marchés où les positions commerciales ou technologiques évoluent rapidement, cela cantonne très vite l'organisation à un rôle de suiveur (avec les avantages et risques associés).

La peur de heurter les personnes : pour éviter à court terme des réactions de collaborateurs, voire de syndicats, un décideur peut privilégier le *statu quo*. Toutefois, cette stratégie peut conduire à des changements encore plus drastiques à terme.

Le piège des frais occasionnés

Une fois des dépenses effectuées, un décideur peut être tenté de continuer à maintenir sa décision dans l'espoir de rattraper ses pertes.

Cette approche, du style du joueur (poker, casino…) est souvent de mise dans les secteurs technologiques. Les décisions étant prises collectivement, chacun se sent, en quelque sorte, dédouané de la responsabilité, tout en n'osant pas être le premier à remettre en cause une décision à laquelle il a contribué.

La preuve biaisée

Que ce soit par les informations recueillies ou par la formulation insidieuse de la demande, il s'agit de privilégier uniquement les faits qui orientent la décision dans le sens souhaité.

Cette démarche peut être volontaire (l'avocat qui défend son client argumente de la sorte) ou inconsciente (vous ne voyez que ce qui va dans votre sens). Le tri sélectif que fait votre esprit « oublie » ou minore les informations opposées.

La prudence croissante

L'expérience et les échecs rencontrés peuvent vous conduire à être de plus en prudent. Un décideur s'autocensure et, dans un esprit de succès à court terme, réduit ses ambitions.

Les conflits sur la fixation des objectifs en entreprise en sont une excellente démonstration. Les services financiers et marketing peuvent avoir tendance à fixer des objectifs en fonction de leurs ambitions (bénéfices, part de marché…) alors que les commerciaux vont plutôt se baser sur l'expérience basée et l'atteinte des primes associées au résultat.

L'effet de halo des événements récents

Le décideur peut accorder trop d'importance aux événements récents ou impressionnants.

Trois crashs d'avion dans le monde durant la même semaine et les médias propagent l'image d'un transport aérien dangereux. Simultanément, la route, seulement en France, fait plus de morts. Toutefois, cela est banalisé dans notre esprit et nous n'y prêtons guère attention. En entreprise, le refus de quelques clients d'acheter un nouveau produit peut détruire la confiance des commerciaux en ce produit et conduire à son échec.

Outil

Mesurer la qualité du recueil des informations

Un décideur doit faire d'autant plus preuve de vigilance que la décision est complexe et à multiples enjeux.

Il doit se fixer quelques règles :

	Oui	Non
L'objectif est-il clair pour moi ?		
Ai-je bien identifié les enjeux associés ?		
Ai-je prévu les implications ?		
Est-ce que je maîtrise les choix-clés associés ?		
Ai-je consulté pour valider mes informations ?		
Ai-je impliqué les personnes concernées dans l'exécution ?		
Mon choix est-il « ici et maintenant », indépendamment de mes résultats précédents ?		
Le contexte m'autorise-t-il à une décision « habituelle » ?		
Qu'ai-je fait de nouveau ou d'original pour tester ma décision ?		
Ai-je mesuré les risques associés à ma décision ?		

LES OUTILS ISSUS DES MÉTHODES DE RÉSOLUTION DE PROBLÈMES

Les outils de résolution de problème peuvent être utiles dans le recueil et le traitement des informations. Ces outils peuvent être classés en quatre catégories :

- aide au diagnostic ;
- hiérarchisation ;
- sélection de solution (voir chapitre 6 : traduire ses décisions en plan d'action) ;
- mise en œuvre (voir chapitre 6).

L'aide au diagnostic

En complément du « QQOQCPC » (Qui ? Quoi ? Où ? Quand ? Comment ? Pourquoi ? Combien ?) qui permet d'analyser toutes les facettes d'une demande (*cf.* chapitre 2), voici un outil pratique pour collecter l'information la plus complète possible : la grille des sept points-clés.

La grille des sept points-clés

But : recueillir les données de la situation initiale et de la situation de référence.

	Les points-clés	Mission/Fonction
1	Les process et normes	Quelles sont les procédures ? Sont-elles utilisées et par qui ?
2	La mesure Les indicateurs	Existe-t-il un indicateur national ou local ? Degré de pertinence
3	Les outils d'information	Système d'information, applications disponibles Sont-ils utilisés ? Sinon, pourquoi ?
4	Le responsable	Qui prend en charge ? Qui s'assure de la continuité et du suivi ?
5	Les partenaires impliqués	Des partenaires de l'unité ? Des partenaires extérieurs ?
6	Les moyens	Quels moyens sont nécessaires ? Quels moyens sont réellement disponibles, accessibles ?
7	Les méthodes	Horaires, formation, séance de travail, réunions, etc. Application des normes, instructions

La hiérarchisation

Les outils de hiérarchisation servent à organiser l'information selon des critères d'urgence, d'importance…

En voici trois, simples et rapides à mettre en œuvre.

La loi de Pareto (appelée aussi règle des 20/80)

Elle a été énoncée par l'économiste italien Wilfredo Pareto (1848-1923). Selon cet auteur, dans la grande majorité des cas, 20 % des causes dans un phénomène produisent 80 % des effets.

Exemple : 20 % du temps d'un projet permettent de traiter 80 % de ce qui est attendu. Les 20 % qui restent à traiter prendront 80 % du temps.

But : s'attaquer en priorité aux causes les plus importantes.

Méthode :

- établir la liste des facteurs à étudier ;
- établir les valeurs mesurables de chaque facteur ;
- classer les facteurs par ordre de valeurs décroissantes ;
- construire un tableau.

Une nouvelle application informatique a de nombreux bugs. Vous devez décider si vous arrêtez sa mise en place ou si vous pouvez corriger les bugs. En classant ceux-ci par nature, vous observez que, sur les 260 cas analysés, 150 sont de nature « A », 65 de nature « B »…

La résolution des cas « A » et « B » permettent de traiter 83 % des cas. Votre rôle est d'estimer si ces cas sont résolvables rapidement ou non. Si oui, l'application peut être maintenue et les cas restants traités manuellement par exemple. Dans l'hypothèse contraire, il vaut mieux suspendre la mise en place.

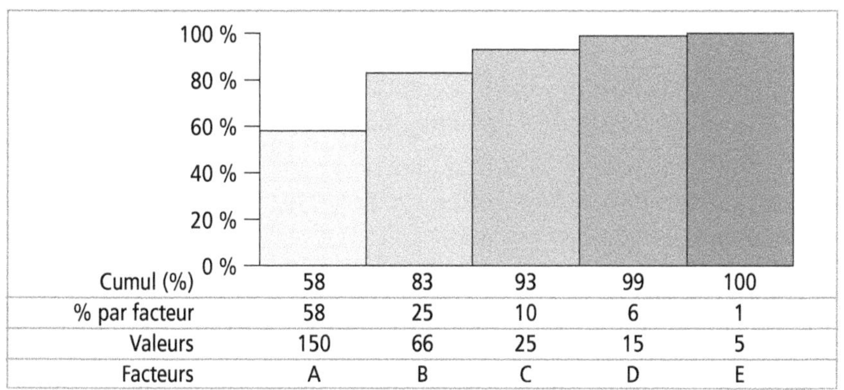

Cumul (%)	58	83	93	99	100
% par facteur	58	25	10	6	1
Valeurs	150	66	25	15	5
Facteurs	A	B	C	D	E

A. Remplir la ligne « facteurs » de gauche à droite et en ordre décroissant.

B. Remplir en concordance la ligne « valeurs ».

C. Ramener les valeurs de l'ensemble des facteurs à 100 % et calculer les pourcentages par facteurs (remplir la ligne % par facteur).

D. Construire l'histogramme de ces pourcentages.

E. Calculer le cumul des pourcentages.

F. Tracer la ligne « cumul des % ».

G. Tracer la courbe.

H. Décider le traitement des facteurs prioritaires.

La méthode des « 5 P »

But : remonter aux causes profondes d'une situation.

Méthode : interroger les personnes concernées en remontant à chaque fois d'un cran en amont sur les causes.

À chaque réponse sur une cause, demander « Pourquoi ? ». L'expérience montre qu'après quatre ou cinq « Pourquoi ? », vous arrivez à la racine du problème.

Vous interrogez un collaborateur sur les raisons de son retard à vous fournir des données dont vous avez besoin :

- Pourquoi ? « Cela me prend plus de temps que prévu. »
- Pourquoi ? : « J'ai sous-estimé le temps pris par certaines tâches. »
- Pourquoi ? : « Je n'ai pas regardé dans le détail votre demande. »
- Pourquoi ? : « Je n'en avais pas compris l'importance. »
- Pourquoi ? : « Je n'ai pas bien écouté ce jour-là et n'ai pas osé vous redemander ensuite des éléments manquants. »

Cette approche est une alternative à la méthode « cause/effet », appelée également « diagramme en arête de poisson » ou « grille d'Ishikawa » (ingénieur japonais, 1915-1989).

La grille GUTMA

But : permet de choisir parmi l'ensemble des problèmes rencontrés celui qui sera traité en faisant intervenir cinq critères.

G	Gravité	Du problème (par rapport au coût ou à la sécurité)
U	Urgence	À résoudre le problème
T	Tendance	Comment va évoluer le problème dans le temps ? Va-t-il s'aggraver ou disparaître de lui-même ?
M	Motivation	Intérêt du groupe à résoudre ce problème
A	Accessible	Capacité du groupe à agir sur le problème

LES MÉTHODES ISSUES DE LA STRATÉGIE D'ENTREPRISE

La conception d'une stratégie d'entreprise oblige les décideurs à faire des choix parmi un ensemble complexe d'informations. Au fil des années, des universitaires et des consultants ont mis au point de nombreuses outils d'analyse des données. Certains peuvent être utilisés dans de nombreuses situations de décisions. En voici deux exemples : les matrices et la méthode des scénarios.

Les matrices

Les matrices sont des grilles d'analyse qui permettent d'évaluer les points forts et les points faibles d'une situation sous différents angles.

Ainsi le SWOT (abréviation de *Strenghts, Weaknesses, Opportunities and Threats*, c'est-à-dire « forces, faiblesses, opportunités et menaces ») est une méthode d'analyse de vos atouts et de vos faiblesses, tant interne qu'externe. Il peut être aussi un outil de cohésion d'équipes puisqu'il permet de créer un consensus commun sur une situation donnée.

Un exemple de SWOT

Une équipe de managers de plateaux d'appels téléphoniques présente à son responsable l'évaluation de la situation actuelle, avant de présenter le plan d'actions associées.

Forces en interne	Faiblesses en interne
– Une équipe soudée et complémentaire – Une petite structure – Mêmes objectifs auxquels on adhère – Disponibilité du responsable,	– Réactvité – Manque d'enthousiasme des collaborateurs (répétitivité, temps écoulé…) – Turnover (20 % de jeunes, mais 80 % d'anciens)
Opportunités externes	Menaces externes
– Arrivée régulière de nouveaux collaborateurs pour transmettre un savoir-faire et acquérir des idées neuves	– Déménagement ? = éclatement de l'équipe – Perte du marché de réception des appels

La méthode des scénarios

La méthode des scénarios a été élaborée dans les années 1970 par la compagnie pétrolière Shell qui souhaitait estimer les probabilités d'évolution du futur.

En pratique, il s'agit de définir :

- un scénario idéal (les conséquences attendues se produisent comme prévues) ;
- un scénario catastrophe (tout va de travers) ;
- un scénario moyen (le résultat est acceptable).

Il s'agit, à ce stade, de prendre des précautions en vérifiant si, par exemple :

- l'organisation peut suivre en termes de moyens humains, financiers et techniques en cas de succès, voire au-delà des espérances ;
- il est nécessaire de prévoir un plan de secours si des événements contrecarrent le plan prévu.

Lors de l'ouverture du Parc Astérix en région parisienne, cette méthode a permis des simulations dans l'hypothèse où le nombre de visiteurs atteindrait un certain seuil :

Hypothèse optimiste : 3 millions de visiteurs (alors que le parc est prévu pour accueillir 2 millions de visiteurs) ;

Hypothèse souhaitée : 1,5 à 2 millions de visiteurs ;

Hypothèse catastrophique : 500 000 visiteurs (échec commercial, météorologie, événements extérieurs graves – grèves, conflit…).

Cela a facilité ultérieurement l'optimisation et la modularité des besoins (comment répartir les investissements dans le temps, se garder une marge de flexibilité,…).

LES OUTILS ISSUS DES TECHNIQUES DE CRÉATIVITÉ

La complexité des contextes et leur évolution rapide obligent souvent à sortir des sentiers battus, à rechercher de nouvelles approches. Les techniques de créativité permettent de stimuler l'imagination et de trouver de nouvelles pistes.

Il est toutefois nécessaire de prendre quelques précautions : la créativité ne s'improvise pas, ni ne se pratique « à froid ». Personne ne peut arrêter d'accomplir sa tâche régulière habituelle et se dire : « Maintenant, je suis créatif ! »

Trois étapes préliminaires

Toute démarche de créativité suppose trois étapes.

1re étape

Utiliser des techniques de relaxation pour oublier le quotidien et se mettre en condition. Cela peut passer aussi bien par des techniques de respiration que par des exercices simples qui vous obligent à vous concentrer.

Exemple : concevoir un discours sur un sujet prédéterminé à partir de mots tirés au sort dans une liste.

2e étape

Un « échauffement », sous forme de quelques exercices qui vous donne confiance dans votre capacité à être créatif.

Exemple : l'improvisation théâtrale ou l'exercice du trombone (trouver vingt usages de l'objet) sont de bons stimulants.

3ᵉ étape

Vous entrez alors dans la phase magique de la recherche de multiples solutions. Les méthodes pour les faire surgir sont nombreuses. Elles seront choisies en fonction du sujet et des circonstances.

Exemple : parmi les plus connues, citons le *brain storming*, les analogies (« Comment les autres font pour… ? ») ou les métaphores (« Et si c'était un animal ? »).

Trois méthodes de créativité

Le *brain storming*

But : produire librement un grand nombre d'idées, sur un thème donné, dans des conditions agréables.

Méthode : un déroulement en trois phases.

1. Organisation	Rappeler les conditions-clés et les afficher : – tout dire : variété, diversité ; – en dire le plus possible : quantité ; – utiliser les idées des autres : analogies, variantes, oppositions ; – ne pas commenter, ni critiquer, ni censurer les idées émises ; – participer dans la bonne humeur. Présenter le thème : l'écrire, l'afficher, l'expliquer : « Quelles sont toutes les causes possibles de l'écart, de l'anomalie, du dysfonctionnement, de la panne constaté(es) ? »
2. Production des idées	Écrire les idées dans l'ordre chronologique. Numéroter les idées au fur et à mesure. Souligner le mot-clé.
3. Exploitation	Rejeter les idées hors sujet. Regrouper les idées de même nature. Classer les idées par sous-thèmes (par exemple : main-d'œuvre, matériel, milieu, méthodes, manières, etc.). Estimer les causes les plus importantes (volume, coût, gravité… ou utiliser l'outil Gutma). Préparer les tests pour valider ces causes (loi des 20/80). Exécuter et dépouiller ces tests. Classer les causes et représenter ce classement (diagramme causes-effets).

La pensée latérale

La pensée latérale est une technique de résolution de problème théorisée par Edward de Bono, psychologue maltais. Elle consiste à approcher les problèmes sous plusieurs angles très variés, au lieu de se concentrer longuement sur une approche unique[1].

La pensée latérale se définit par opposition à la pensée verticale, qui est la pensée classique. Traditionnellement, l'invalidation d'une idée en pensée verticale peut se faire par les objections suivantes : « Ce n'est pas comme ça ; ça ne marche pas ; c'est stupide… » La base de la pensée latérale consiste ainsi à réaliser des discontinuités dans le raisonnement de diverses manières : inversion ou exagération du problème, analogies,…

Il a fallu deux heures à deux hommes pour creuser un trou de deux mètres de profondeur. Quelle profondeur aurait-on atteinte si dix hommes avaient creusé pendant deux heures ?

La réponse semble être dix mètres de profondeur. Cette réponse suppose que la personne qui y a réfléchi ait suivi un simple raisonnement mathématique suggéré par la description donnée, mais on peut générer des idées de pensée latérale sur ce qui affecte la taille du trou, ce qui peut mener à des réponses différentes :

Plus un trou est profond, plus il faut d'efforts pour le creuser, étant donné que la terre à évacuer doit être élevée plus haut pour atteindre le niveau du sol, donc le rapport temps/profondeur n'est pas forcément linéaire.

Plus d'hommes pourraient travailler en alternance pour creuser plus rapidement et plus longtemps.

Il y a plus d'hommes, mais y a-t-il plus de pelles ?

---

1. Source : http://fr.wikipedia.org/wiki/Pensee_laterale ; www.businesspme.com/articles/ressourceshumaines/106/la-pensee-laterale.html

Impliquer des personnes différentes de celles auxquelles vous êtes habitué

But : avoir d'autres angles de vue.

Les personnes travaillant dans une même équipe ou une même unité finissent par partager une communauté de vues qui rend difficile la création d'approches différentes. Dans ce contexte, l'implication de personnes d'autres unités, voire de personnes extérieures (clients ou fournisseurs potentiels, utilisateurs,…) peut apporter un regard différent.

Les grandes sociétés de produit de grande consommation ont longtemps recruté leurs équipes marketing dans les mêmes viviers (grandes écoles de commerces). Il en ressort une certaine homogénéité des pratiques. Depuis, certaines recrutent des talents issus d'autres formations : architectes, créateurs de start-up… avec l'hypothèse que ceux-ci auront un regard différent qu'un ancien étudiant d'école de commerce sur un emballage, par exemple.

De la même manière, rassembler un groupe de clients et les faire travailler sur un produit et son usage apporte un regard différent sur le sujet.

SYNTHÈSE

Le savoir et l'expérience forgent votre mode de décision. Chercher à enrichir sa boîte à outils, c'est développer vos capacités à mieux collecter et analyser les informations. Cette volonté d'élargir ses méthodes passe d'abord par une prise de conscience de sa méthode habituelle et des risques de biais qui y sont associés. Vous pouvez faire appel à des techniques de provenance diverses comme la résolution de problèmes (outils d'aide au diagnostic et à la hiérarchisation des données), la stratégie (matrice SWOT, scénarios,…) et/ou de la créativité pour vous aider à sortir des sentiers battus.

Autodiagnostic

Avez-vous tiré parti des informations de ce chapitre ?

Avez-vous...	Oui/ non	Les enseignements que vous en tirez
... fait une analyse des situations où vous utilisez une approche intuitive ? une approche heuristique ? un outil d'aide ?		
... trouvé des exemples de biais de vos modes de décisions usuels ?		
... testé la grille des sept points-clés ?		
... recherché la cause d'une situation par la méthode des « 5P » ?		
... utilisé un SWOT avec votre équipe ou vos collègues ?		
... bâti des scénarios sur une situation à risques ?		
... animé une réunion de créativité en vue d'une prise de décision ?		
... impliqué des personnes d'horizons différents pour trouver des solutions à une situation ?		

Une large majorité de « Oui » ? Bravo ! Vous êtes prêts à aller plus loin.

6 Traduire ses décisions en plan d'actions

La décision est prise et validée ! Yapluka ! En fait, la partie la plus délicate commence. Même si dans votre projet, vous avez impliqué les futurs intervenants, prévu la mise en place et le calendrier *ad hoc,* il va vous falloir entrer maintenant dans le détail.

En pratique, le décalage entre le délai initial et la date effective de la prise de décision oblige souvent à revoir tout le planning. Quant aux personnes impliquées, elles peuvent, pour certaines, soit avoir changé de poste ou de fonction(s), soit avoir même hérité de nouvelles tâches.

Dans ce contexte, il vous faut mettre à jour votre plan d'actions et le lancer. Cela passe par quatre étapes :

- ancrer la décision ;
- bâtir les points clés ;
- convaincre le groupe de personnes impliquées ;
- savoir aussi convaincre individuellement un membre isolé.

ANCRER LA DÉCISION

Une décision prise n'est pas forcément applicable immédiatement. Divers éléments peuvent vous contraindre à l'amender.

Les facteurs qui influent sur une décision

Dans la grande majorité des cas, la décision prise ou à prendre (la nôtre, celles de notre responsable ou d'un comité) est altérée par de nombreux facteurs.

Le rapport de forces

La relation avec un client, un fournisseur, un organisme administratif peut nous paraître inégale et nous conduire à prendre, ou à se voir imposer, certaines décisions.

Les fabricants d'ordinateurs dépendent largement de la politique de prix d'Intel pour fixer le prix de leur machine (Intel contrôle 90 % du marché).

Un client qui représente un pourcentage significatif de votre chiffre d'affaires peut vous imposer des conditions draconiennes : c'est le cas des constructeurs automobiles vis-à-vis de leurs sous-traitants.

Si vous travaillez chez un transporteur, la hausse des prix des carburants vous contraint à des révisions difficiles de votre politique tarifaire. Les compagnies *low cost* dans le secteur aéronautique en font l'expérience.

Le temps

Si l'information aujourd'hui est plus abondante qu'autrefois, son coût de traitement (temps et argent) s'est lui aussi accru exponentiellement. Or, souvent, pour des questions de délais, d'opportunités ou de charges de travail, nous n'avons guère le temps (que nous voulions le prendre ou qu'il nous soit tout de même accordé par d'autres) :

• Votre concurrence a modifié sa politique tarifaire. Votre direction, après avoir fait traîner sa décision plusieurs semaines, vous demande de mettre en œuvre celle-ci sous huit jours.

• Une opportunité à saisir se présente si vous réagissez sous quelques heures. Par exemple, un afficheur publicitaire vous propose une campagne à moitié prix si vous répondez dans les quatre heures.

L'information

Êtes-vous bien informé ? Faites-vous de la veille concurrentielle ? Le volume d'information disponible est trop important pour être maîtrisé par une seule personne. En réalité, nous ne possédons qu'un fragment de l'information totale disponible.

Le marché du téléphone mobile est très différent en Europe, au Japon et aux États-Unis. Des usages sont plus répandus dans certains pays que dans d'autres. Ainsi, l'utilisation du téléphone portable comme moyen de paiement est banale aujourd'hui en Corée. Devez-vous en conclure que ce sera le cas en France ? Avez-vous tous les paramètres pour analyser si le contexte est similaire ?

La sanction (négative ou positive)

Quelle est la conséquence associée si la mise en œuvre échoue ? Est-elle négative (personne ne vous dira si cela réussit, mais dans le cas contraire…) ou positive (des signes de reconnaissance – financiers et humains – vous seront-ils adressés) ?

Selon la culture de l'initiative dans votre entreprise, vous prendrez plus ou moins de risques (*cf.* chapitre 2).

Un dernier regard avant de passer à l'action

Dans ces conditions, il est sage de mettre noir sur blanc la décision et son contexte.

Les études sur les modes de décision ont montré que l'esprit d'un décideur progresse par étapes (*cf.* chapitre 1). Cela signifie que quelques semaines plus tard, vos interlocuteurs peuvent avoir (de bonne ou de mauvaise foi) oublié le contexte de la décision prise (par vous et par eux). Vous aurez alors des reproches de cet ordre :

- « Vous auriez dû attendre » ;
- « Je vous l'avais bien dit » ;
- « Vous auriez dû creuser le sujet. »

Il ne s'agit pas de bâtir un dossier volumineux, mais de prévoir une ou deux feuilles annexées au compte-rendu de la réunion décisive pour que vous en gardiez trace.

ALADEC

Actions	Quelles sont les tâches à effectuer ?
Liaisons	Comment s'enchaînent-elles ?
Acteurs	Quelles sont les personnes – impliquées ? – compétentes ? – disponibles ? – pilotes ?
Délais	Combien de temps pour chaque tâche ? Quelles dates limites de réalisation du plan d'actions, des étapes ? Quelle est la disponibilité de chacun ?
Étapes	Quels points de rendez-vous pour coordonner ? pour valider ?
Coûts	Quels sont les coûts comparés aux gains escomptés en jours ? K € ?

Prêts à l'action ? Super ! Il ne vous reste plus qu'une chose à faire. Notez sur une feuille toutes vos peurs et craintes : « Cela ne marchera pas » ; « Ils me couperont les budgets » ; « Les gens ne vont pas suivre » ; « Je n'y arriverai pas et je serai renvoyé »,...

Puis, froissez-la et jetez-la dans une poubelle. Maintenant vous êtes réellement prêt.

BÂTIR LES POINTS-CLÉS

Il s'agit alors de développer les points clés. Cela ne veut pas dire refaire pour la énième fois votre plan. Cela consiste à préparer la (ou les) réunion(s) de lancement pour les personnes impliquées. Leurs questions seront plus pragmatiques et « court-termistes » que celles du comité de décision.

Vous avez notamment à bien détailler les étapes, le planning et le mode de suivi.

Les étapes

Si votre projet implique de nombreuses personnes à différents niveaux, un tableau classique risque d'être vite complexe. Bien sûr, pour vous qui maîtrisez l'ensemble du processus, cela ne vous apparaîtra pas ainsi. Toutefois, mettez-vous à la place de vos propres collaborateurs. Dans tous les projets et décisions sur lesquels vous intervenez ponctuellement, votre place, vote rôle et votre relation avec les autres sont-ils clairs dans votre esprit ?

Découpez alors le projet en actions suffisamment homogènes pour qu'un responsable soit identifié à chaque stade. Les actions peuvent être de durée variable, tant qu'il s'agit du même responsable.

Outil

Tableau de mesure d'étapes

N°	Actions	Qui ?	Avec qui ?	Étapes contrôle	Pour quand ?	Budget Jours K€
1						
2						
3						
4						
Indicateurs						

Le planning

Lorsque la mise en œuvre va comporter un nombre de tâches plus ou moins grand à réaliser dans les délais impartis et selon un agencement bien déterminé, il peut être utile d'utiliser un schéma comme le diagramme de Gantt (du nom de l'ingénieur Henry L. Gantt qui le créa en 1917) pour rendre plus simple le suivi visuel du déroulement des opérations.

Voici comment construire un tel diagramme :

- listez les tâches à réaliser ;
- estimez les durées et les ressources (se baser sur l'outil précédent) ;
- réalisez le réseau logique entre les tâches ;
- tracez le diagramme de Gantt.

Ce diagramme a l'avantage de mettre en valeur les tâches qui devront se dérouler simultanément. Vous aurez ainsi l'œil sur les « risques de conflits » du fait de la quantité de moyens humains et matériels nécessaire à un moment donné.

Dans un diagramme de Gantt, chaque tâche est représentée par une ligne, tandis que les colonnes représentent les jours, semaines ou mois du calendrier selon la durée du projet. Le temps estimé pour une tâche est indiqué par une barre horizontale entre la date prévue de démarrage et la date prévue de fin de réalisation. Les tâches peuvent s'enchaîner séquentiellement ou bien être exécutées en parallèle.

Diagramme de Gantt = lancement d'un logiciel avec test préliminaire

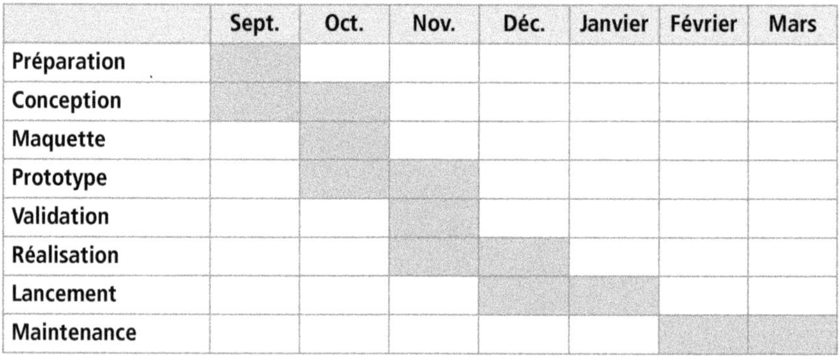

	Sept.	Oct.	Nov.	Déc.	Janvier	Février	Mars
Préparation	■						
Conception	■						
Maquette		■					
Prototype		■	■				
Validation			■				
Réalisation			■	■			
Lancement				■	■		
Maintenance						■	■

Ses atouts sont les suivants :

- la visualisation de la mise en œuvre tant pour vous que pour les décideurs hiérarchiques ou ceux chargés de son application (plus de 50 % des personnes préfèrent voir un dessin, un schéma, une affiche… plutôt que lire) ;
- la possibilité d'anticiper les actions à faire (commande, livraison…) ;
- il demeure un outil de communication tout au long du projet.

Les indicateurs de suivi et de retours

À ce stade, il s'agit des indicateurs de suivi des personnes qui vont mettre en œuvre l'application de la décision. En effet, les acteurs concernés vont arbitrer leurs propres priorités autour de quelques indications en termes d'urgence, de priorités… Il vous faut préparer la grille suivante pour bâtir votre argumentation sur l'importance à accorder à cette tâche.

Tableau pour apprécier les indicateurs à construire

Qui suit l'opération ?	Quel est le plus haut niveau hiérarchique qui suit l'action ? Quelles sont les habitudes en termes de reporting ?
Comment sont mesurés les retours ?	La qualité des outils de suivi existants permet-elle une traçabilité individuelle ou collective, précise ou approximative ? Est-il possible d'en construire facilement et rapidement ?
Gain en cas de réussite	Y a-t-il des retours prévus en termes de reconnaissance (primes, mise en valeur…), pour vous, votre service, l'entreprise… ?
Sanction en cas d'échec	Quels sont les risques associés ? à titre personnel ? à titre collectif ? Pour d'autres ?
Temps prévu	Quelle la durée de leur tâche ? Cela justifie-t-il une approche spécifique ?
Compatibilités avec leurs priorités	Est-ce une décision qui impacte l'atteinte des objectifs ? Est-ce que cela les facilite ou non ?

Vous voilà maintenant prêt à réunir les collaborateurs concernés et à leur détailler le programme.

CONVAINCRE LE GROUPE DE PERSONNES IMPLIQUÉES

Après avoir préparé le plan d'actions et les mesures à mettre en œuvre dans le contexte de la décision prise, il vous faut présenter ces éléments aux principales personnes concernées.

Comme vous l'avez lu précédemment (*cf.* chapitre 3), la méthode « cible » vous permet de déterminer les différents niveaux d'implication des personnes.

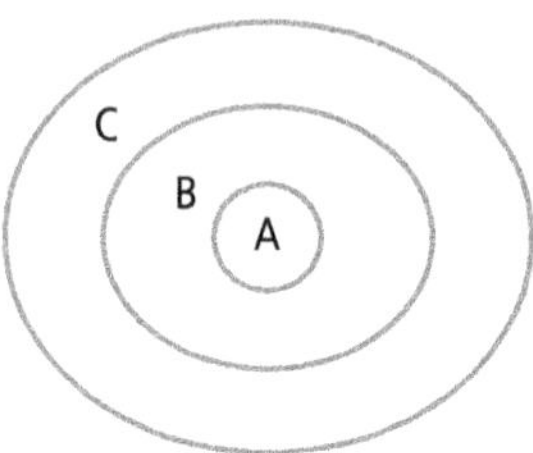

Il vous est possible, par exemple, de présenter en groupe le plan d'actions à l'ensemble des personnes « A » concernées prioritairement, d'informer individuellement ou collectivement les personnes du niveau « B », enfin de « circulariser » celles en niveau « C ». Cela ne veut pas dire se contenter d'envoyer un mail à la terre entière, ni une simple fiche.

En effet, si certaines personnes sont plutôt de culture écrite (elles ont besoin de lire, de voir un document et de l'analyser pour intégrer les actions à réaliser), d'autres personnes sont plutôt de culture orale (elles lisent peu ou pas et ont besoin d'entendre pour intégrer l'information).

Suivi des premières étapes

Le degré d'information donné en amont :	par vous ; par la hiérarchie ; par les médias ; par les rumeurs,…
L'impact individuel de ces décisions sur le travail de chacun	Temps prévu pour cette tâche ? Compétences requises ? Nouvelles tâches ou non ? Horaires spécifiques ?
Les relations entre les personnes	Redistribution de tâches ? Besoin de recrutement interne ou externe ? Externalisation d'autres tâches ?

Il va vous falloir faire preuve de stratégie en fonction de la complexité de la mise en œuvre et de son impact sur les personnes considérées. Rappelez-vous qu'un groupe a sa propre dynamique, qu'il passe par différentes phases (*cf.* chapitre 4) et que tous les membres d'un groupe n'ont pas les mêmes intérêts.

L'information des personnes les plus impliquées

Cette information passe par quatre phases : anticiper, faire s'exprimer, recadrer et mettre en action.

Anticiper

Un déroulement de réunion n'est jamais neutre et peut se passer très différemment selon les attentes et les humeurs de chacun. Il s'agit d'anticiper les réactions. Pour cela, votre rôle en amont est :

- d'être clair dans votre tête, sur ce qui n'est pas négociable et ce qui l'est (au besoin, assurez-vous-en auprès de votre hiérarchie) ;
- d'analyser les typologies des personnes concernées. Cela vous permettra de prévoir leur mode de réaction (par exemple, le silence de l'« As de carreau » est important à prendre en compte) ;
- d'anticiper les réactions des opposants (objections, forme de revendication) : vous ne les convaincrez pas, mais vous pouvez préparer vos réponses pour éviter qu'ils n'entraînent leurs collègues dans l'opposition (expression violente) ou l'apathie (forme plus discrète, mais aussi efficace) ;
- de bien reconnaître les hésitants (ceux qui sont à la fois « pour » et « contre ») : ce sont ceux-là qui vont prêter le plus d'attention à vos propos. Leur position à la fin du débat fera pencher la balance du groupe ;
- d'identifier les personnes qui voient les impacts de cette décision d'un œil favorable.

En fonction de l'importance de l'impact de la décision pour les participants, vous pouvez aussi, en amont de cette réunion, prendre des mesures de précaution :

- rencontrer en amont certains leaders positifs ou hésitants pour bien comprendre les attentes et les freins ;
- prévoir, éventuellement, l'appui d'un hiérarchique en ouverture de la réunion, pour renforcer le poids attaché par la direction à cette décision ;
- faire circuler des documents d'information (pour les « As de pique » et les « As de cœur » qui aiment réfléchir en amont).

Faire s'exprimer

Les participants attendent de savoir concrètement ce qui les attend :

- allez directement à l'essentiel, après quelques mots de rappel du contexte ;
- présentez de manière synthétique l'ensemble des actions à mettre en œuvre ;
- puis, avant d'entrer dans les détails, laissez un premier temps d'expression au groupe.

La capacité de concentration d'une personne est d'environ douze minutes en moyenne. Il faut donc relancer la concentration de chacun en prévoyant des changements de rythme.

De quoi ont besoin vos interlocuteurs ?

- des grandes lignes des actions et du but final (une feuille de route ou *road map* disent les explorateurs) ;
- de mesurer l'impact sur leur travail ;
- d'apprécier les changements pour l'équipe.

Si les participants sont peu nombreux et qu'ils exercent un travail similaire, vous pourrez entrer ensuite dans le détail des mesures. Sinon faites-le en créant des petits groupes de personnes qui ont des tâches homogènes.

L'important à ce stade est en effet de les faire s'exprimer. Pour cela :

- ne consacrez pas de trop de temps au débat avec les « opposants ». Rappelez-leur qu'il y a des aspects non négociables et d'autres négociables ;

- favorisez l'expression des leaders positifs ou hésitants ;
- allez chercher les « As de carreau » qui ne parlent pas spontanément.

Vous pouvez aussi faciliter l'expression en diversifiant les approches :

- n'utilisez les transparents et les présentations sur ordinateur que pour présenter l'essentiel ;
- notez au tableau de papier les remarques et les objections. Pour nombre de personnes, voir noter ce qu'ils ont exprimé les rassure sur la prise en compte de leurs propos ;
- utilisez des astuces d'animation :
  - demandez à chacun de noter sur des post-it des aspects positifs et négatifs, des questions… C'est une excellente manière de faire participer tout le monde ;
  - faites travailler quelques instants les participants en sous-groupes, sur une liste de questions à remonter à la hiérarchie.

Recadrer

Une fois la « purge » de questions, peurs et craintes, effectuée, vous recadrez le débat.

Synthèse des questions des participants

1 Ce qui dépend de moi ou du groupe	2 Ce qui dépend de la hiérarchie	3 Ce qui ne dépend ni de nous ni de la hiérarchie…
Questions posées par les participants Par exemple : organisation des tâches, montée en compétences en binôme…	*Questions posées par les participants* Par exemple : aspects non négociables, répartition des tâches avec d'autres services, investissement en informatique…	*Questions posées par les participants* Par exemple : conjoncture, réglementation, concurrents…

Vous pouvez répondre immédiatement ou après étude aux questions de la colonne 1. Vous vous engagez à remonter les questions de la colonne 2. Par contre, le groupe n'attend pas de réponse aux questions de la colonne 3. Il veut souvent simplement exprimer ses émotions.

Dans tous les cas, soyez honnête sur ce que vous savez (déclarez : « Je vais me renseigner… ») et reconnaissez que la nouvelle situation a du « pour » et du « contre ».

Philippe est responsable d'un service formation. Basé dans un vieil immeuble haussmannien du centre de Paris, ses formateurs souffrent de l'exiguïté des locaux et le lui font savoir en permanence. Un jour, sa direction lui propose d'emménager dans un bâtiment neuf que l'entreprise vient de louer dans la proche banlieue parisienne, à proximité d'un métro. Tout y est : l'espace, le confort,… sauf l'environnement avec la vie parisienne. Lors des réunions, Philippe a beau leur faire valoir les atouts des nouveaux bureaux, rien n'y fait : ses formateurs évoquent avec nostalgie les promenades le midi, la possibilité de faire des courses… jusqu'au jour où Philippe décide de changer de stratégie. Il reconnaît avec eux qu'il y a des « pour » et des « contre ». Se sentant écoutés et compris, les formateurs cessent de récriminer.

Mettre en action

Il s'agit maintenant d'entrer dans la phase pratique. Sur un sujet simple, il est possible de tout régler en une seule réunion. Dans d'autres situations, il sera nécessaire d'y consacrer plusieurs réunions. Ne sous-estimez pas cet aspect.

Durant cette phase de mise en œuvre, il vous faut prévoir d'être accessible, patient et de rassurer. Au fil du temps, vous permettrez à chacun de s'imprégner de son nouveau rôle. Rappelez-vous que certains ont besoin de « faire pour comprendre » et d'autres d'un temps de réflexion. Certains se lancent dans l'action et posent les questions ensuite, tandis que d'autres font l'inverse…

Commencez surtout par donner un horizon et une ou deux étapes à court terme.

Mise en œuvre en réunion des premières étapes

Compte-rendu réunion du :				
Présents :		**Absents :**		
Diffusion				
Thèmes	**Actions**	**Qui ?**	**Date limite**	**Contrôle**

Que faire avec les autres acteurs plus éloignés ?

Si le mail est un moyen de se décharger de sa responsabilité (« Je leur ai écrit. Ils n'ont qu'à lire »), cela ne suffit guère pour les raisons évoquées précédemment.

Il est important de coupler trois dimensions de la communication :

- le « **lire** » : un texte écrit est utile à titre d'aide-mémoire. Encore faut-il prendre en compte le mode d'utilisation. Certains ont besoin d'un mémo comme mode d'emploi en une seule page, alors que pour d'autres il faut un guide détaillé ;

- l'« **entendre** » : demandez à leurs responsables d'en parler lors de leurs réunions ou de leurs entretiens. Si vous pouvez vous-même, dans ce cadre, porter la bonne parole, cela n'en sera que mieux ;

- le « **voir** » : des affiches ou des rappels sur des panneaux d'information jouent également leur rôle d'information.

Vous pouvez aussi prévoir des réunions entre acteurs impliqués tout au long de la chaîne. Chacun se sent alors plus solidaire des autres et fait son travail de manière plus adaptée selon les besoins.

Geneviève travaille dans un centre d'appels qui gère les dysfonctionnements techniques des clients. Elle a pu accompagner un technicien en intervention chez un client. Il lui a montré comment il travaille et les informations dont il a besoin. Elle comprend mieux maintenant l'importance des questions à poser en amont au client.

SAVOIR CONVAINCRE INDIVIDUELLEMENT UN MEMBRE ISOLÉ

Les réunions ne constituent pas l'unique moment où vous devez convaincre vos partenaires. Vous pouvez avoir à convaincre en face à face (ou au téléphone) l'une des personnes impliquées :

- vous avez un message particulier à lui transmettre ;
- la personne est isolée et ne peut assister à la réunion ;
- elle était absente à la réunion ;
- il peut être utile de l'informer et de la convaincre en amont (pour avoir son support, pour lever des objections, pour faciliter son expression,…).

Comment convaincre quelqu'un ? Il y a la méthode dure (passage en force) et la douce (aller lentement). Entre les deux, la réalité est moins extrême, avec de nombreuses approches possibles. Le mode de conviction retenu doit tenir compte de quatre facteurs :

- les antécédents en termes de relations ;
- les gains/pertes estimés pour la personne ;
- la part du négociable et du non-négociable ;
- les arguments adaptés à la typologie de la personne.

Les antécédents en termes de relations

Que ce soit pour des antécédents avec vous-mêmes, votre prédécesseur, l'entreprise… votre interlocuteur aborde cet entretien avec l'image des histoires passées : les avantages obtenus ou non, les promesses respectées ou non,… Dans ce contexte, vous entrez dans une forme de négociation qui a deux composantes :

- la confiance que votre interlocuteur a vis-à-vis de vous, de l'entreprise en général et celle que vous avez de lui ;
- le pouvoir respectif de chacun de vous :
  - votre pouvoir hiérarchique peut être fort, mais votre interlocuteur peut détenir un savoir ou un savoir-faire qui le rend incontournable ;
  - il a peut-être d'autres priorités dépendantes d'autres personnes, ce qui lui laisse une certaine marge de manœuvre pour arbitrer seul entre celles-ci.

C'est ce rapport conscient ou inconscient entre pouvoir et confiance qui vous donne la clef de la tactique à utiliser.

Outil

Quelle tactique de négociation utiliser ?

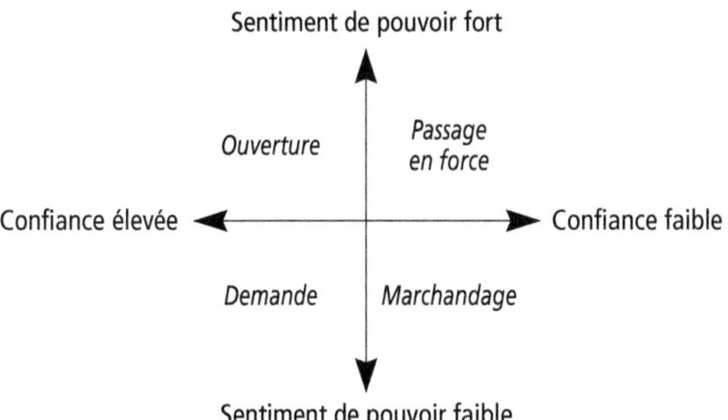

Si vous avez confiance en votre interlocuteur et un sentiment de pouvoir fort, vous pouvez être ouvert à ses remarques et demandes : vous trouvez ensemble le meilleur moyen pour lui permettre de mettre en œuvre ses actions dans le cadre de la décision.

Si vous avez confiance en lui, mais le sentiment de ne pas avoir de prise (il ne vous est pas rattaché hiérarchiquement, par exemple, et a d'autres priorités à gérer qui dépendent d'autres responsables…), vous allez avoir tendance à être en demande, à quémander son aide.

Si vous avez une confiance faible en lui (en termes de bonne volonté) et un pouvoir fort, vous aurez tendance à choisir un passage en force.

Enfin, si vous avez une confiance faible et un sentiment de pouvoir faible, vous allez marchander.

Les gains/pertes estimés pour la personne

Dans ce contexte, il est important de réfléchir en amont aux gains et aux pertes estimés pour la personne :

- quelles sont ses attentes dans l'entreprise ?
- quel poste ou tâche vise-t-il à terme ?
- en quoi la tâche demandée va l'aider à acquérir ou à développer des compétences ?
- si, vous, vous étiez à sa place, comment réagiriez-vous ?

Au-delà de ces questions auxquelles vous répondez avec votre cerveau, il faut aller chercher ce qu'il a en tête de son côté. Cela veut dire que votre entretien devra commencer par une phase d'exploration sur ses attentes (sur un plan général), ses satisfactions et insatisfactions…

Vous pouvez avoir déjà recueilli ses attentes lors d'autres entretiens, voire lors de l'entretien d'évaluation.

Prévoyez deux ou trois questions ouvertes (= réponse par une phrase entière) pour « amorcer la pompe ». Elles sont importantes, parce que nous utilisons à 95 % des questions fermées (réponse par oui/non). Pour imaginer des questions ouvertes, utilisez des mots avec le phonème « K » : « Comment… ? », « Pourquoi… ? », « Quoi… ? »,… Voici quelques exemples de questions :

- « La décision pour le projet a été prise. Qu'en penses-tu ? »

- « Comment tu te vois d'ici un an ? »
- « Qu'est-ce que tu aimerais apprendre au travers de ce projet ? »

En somme, ce que vous ne savez pas des attentes de la personne, allez les chercher dans ses réponses. Cela vous oblige à faire preuve d'écoute, à vérifier ce que vous pensez ne pas avoir compris et à reformuler ce que vous avez saisi. Vous serez peut-être surpris de ces réponses. L'image que la personne donne d'elle-même ne correspond pas forcément à ce qu'elle est en réalité. Vous, vos collègues, les collègues de la personne concernée peuvent lui avoir « collé » une étiquette qu'elle s'est appropriée, mais qui ne correspond pas à la réalité.

Maria est responsable de dossiers techniques qu'elle coordonne entre plusieurs services pour faciliter une livraison de produits et de services au client. Son bureau est bien en vue sur un plateau. Devant elle, sur le panneau qui sépare son bureau de sa collègue, est inscrit sur une feuille en format A4 :

« Pourquoi je ne suis pas contente ? » : *« Je ne suis pas contente si on ne me respecte pas, si… »*

Lorsqu'un consultant a circulé sur le plateau, il a vu cette feuille et elle lui a parlé librement de son ressenti. Elle lui a aussi avoué que cette feuille est en place depuis un an et que personne ne lui en avait parlé jusqu'à présent.

Vous pouvez prévoir et anticiper ces situations en parlant avec les personnes au quotidien sur des sujets divers. Sans entrer sur le terrain privé, vous pouvez recueillir quantité d'informations pour mieux les comprendre. Vous pouvez aussi remonter dans le temps en lisant (ou relisant) les comptes-rendus des entretiens d'évaluation.

La part du non-négociable et du négociable

Vous devez être clair dans votre esprit sur ce qui est du domaine du négociable (vous avez une marge de manœuvre) et du non-négociable (« les ordres sont les ordres » qu'ils viennent de la direction ou de la législation). Lorsque vous êtes en entretien avec une seule personne, vous devez allez encore plus loin dans votre préparation.

Fiche pour dissocier objectifs négociables et non négociables

Partie négociable	Le maximum que je pourrai espérer.
	Ce que je souhaite obtenir.
	Le minimum que j'accepterai de sa part.
Partie non négociable	Solution de repli.
	Ai-je un plan B ?

Dans la partie négociable, vous pouvez demander à un collaborateur ce que vous souhaitez obtenir de lui en termes de tâches. Peut-être est-il prêt à en faire plus. Peut-être aussi a-t-il d'autres urgences qui font que vous devrez limiter votre demande. De même, dans la partie non négociable, des contraintes indépendantes de sa volonté peuvent l'obliger à refuser et vous contraindre à trouver une solution de repli.

Les arguments adaptés à la typologie de l'autre

Valoriser un argument, c'est le tourner dans le sens de celui qui le reçoit. Si vous voulez convaincre un collègue d'exécuter une tâche, pensez à promouvoir le gain qu'il va en retirer pour lui, en sus de celui pour vous et pour l'entreprise. Dans ce contexte, la formulation de votre argument va varier selon la typologie de la personne.

Grille d'argumentation selon les typologies

	As de carreau	Allez droit à l'essentiel et donnez-lui des options entre lesquelles choisir. Il aime décider et respectera la décision.
	As de trèfle	Faites-le participer, faites appel à sa créativité pour trouver des solutions sur les moyens à utiliser et montrez-lui l'intérêt que vous portez pour ses propositions.
	As de cœur	Allez plus lentement et demandez-lui son opinion. Son mode de décision est plus lent, parce qu'il pèse le pour et le contre, tant pour lui que pour les gens qui vont être concernés autour de lui par la décision. Montrez les avantages pour ces derniers.
	As de pique	Donnez les faits dans un ordre logique et chronologique. Insistez sur le respect de décisions prises par la direction ou le respect de normes.

SYNTHÈSE

De la décision à l'action, une somme d'éléments liés aux contraintes de rapport de forces, de temps ou de conditions peuvent avoir évolué. Il est donc utile d'ancrer la décision telle qu'elle sera appliquée pour faciliter ultérieurement le retour d'expériences. Une fois défini la séquence des actions et le planning, il est important d'apprécier le degré de priorités que donneront à cette démarche les acteurs impliqués.

Cela vous servira à préparer l'information sous toutes ses formes (écrite, orale, audio…) et le mode de diffusion (en groupe ou individuellement). Même si vous avez un pouvoir hiérarchique (et un moyen de pression), il faut avoir à l'esprit que seule l'adhésion favorise la bonne application d'une décision. Les techniques de conviction en groupe ou individuelles vous seront alors utiles.

Autodiagnostic

Avez-vous tiré parti des informations de ce chapitre ?

Avez-vous...	Oui/non	Les enseignements que vous en tirez
... fait le point sur l'applicabilité à date de la décision prise ?		
... vérifié si vous avez tous les éléments (grille Aladec) ?		
... séquencé les étapes ?		
... apprécié le degré de priorités que vont lui accorder les acteurs impliqués ?		
... organisé l'information sous toutes ses formes ?		
... favorisé l'expression de tous ?		
... évalué le pouvoir dont vous disposez et la confiance que vous accordez aux personnes impliquées ?		
... mesuré les gains/pertes que cette application représente pour chacun ?		

Une large majorité de « Oui » ? Bravo ! Vous êtes prêts à aller plus loin.

PARTIE IV

DÉCIDER SOUS PRESSION

La vie en entreprise est rarement un long fleuve tranquille. Vous pouvez avoir à prendre des décisions dans des contextes difficiles. Vous êtes même conduit parfois à faire exécuter des décisions avec lesquelles vous-même, ou les personnes concernées, n'êtes pas d'accord. L'état de tension dans lequel vous et vos interlocuteurs êtes exacerbe alors les relations. Comment prendre en compte ces paramètres ?

Nous pouvons tous rêver d'une vie active en entreprise, avec du temps pour se décider et des collègues suffisamment détendus pour prendre et appliquer des décisions en toute connaissance de cause. Malheureusement, cela devient rare, à cause de l'environnement, de nos concurrents, de nos clients, de nos fournisseurs… et peut-être aussi de nous-mêmes. Nous avons tous l'impression que les décisions doivent se prendre vite, que notre vie et celle de notre entreprise en dépendent.

Décider sous pression est donc devenu une mode, une conséquence, voire une tendance. Toutefois, il faut distinguer ce qui relève de l'effet (donner l'impression de prendre une décision sous pression, alors qu'elle a été longuement mûrie) et ce qui est réellement la résultante de tensions et de stress. De même, nous avons chacun notre façon d'exprimer notre tension, que ce soit individuellement ou collectivement. Nous distinguerons donc ces différentes situations au cours de ce chapitre :

- qu'est-ce qu'une situation stressante en termes de décision ?
- comment cela agit-il sur notre comportement à titre individuel ?
- comment en sortir et accepter/faire accepter la décision ?
- le stress au plan collectif.

QU'EST-CE QU'UNE SITUATION STRESSANTE ?

Les causes de stress varient beaucoup d'une personne à l'autre. Néanmoins, quelques-unes de celles-ci sont inhérentes à chacun d'entre nous.

Les trois composantes

Une situation réellement stressante en termes de décision comprend trois éléments :

- des opinions opposées (par exemple, à la décision prise) ;
- une forte émotion (liée, par exemple, au fait de devoir la répercuter auprès de ses collègues et/ou collaborateurs) ;
- un enjeu fort associé à cette décision (pour vous, pour vos collègues, pour l'entreprise,…).

Votre direction vous informe que l'activité de votre service va être délocalisée, sans qu'il n'y ait pour le moment de plans sociaux à court terme :

- *vous avez toujours été contre cette décision que vous estimez aller à l'encontre du besoin de proximité des clients ;*
- *vous avez peur de la réaction de vos collaborateurs qui ont beaucoup œuvré pour développer leurs compétences et leur productivité afin d'éviter cette épreuve ;*
- *enfin, l'enjeu pour vous et pour l'entreprise est de taille. C'est la première mesure de délocalisation et d'autres pourraient suivre. Pour vous, c'est votre avenir dans cette société qui est en cause.*

Si les opinions sont opposées, les émotions fortes, mais l'enjeu peu élevé, le stress est passager.

Vous souhaitiez qu'une réunion se tienne l'après-midi plutôt que le matin pour finir votre présentation. Cela sera vite oublié.

Si les émotions sont fortes, l'enjeu élevé, mais que vous êtes d'accord avec vos collègues, le stress peut être positif.

Vous avez décidé avec vos collègues d'une offre pour un client. L'enjeu est important, mais vous êtes tous convaincus que c'est la meilleure offre que vous pouvez faire.

Les mécanismes généraux du stress

Le stress est une réaction d'adaptation de notre organisme face à une situation perçue comme nouvelle. Dans ce contexte, nous réagissons instinctivement et émotionnellement. Notre organisme se met en état d'activité intense pour fuir ou combattre la situation : les symptômes du stress (accélération du rythme cardiaque, augmentation de la production d'adrénaline,…) traduisent ce changement : le cœur, qui bat plus vite, apporte plus de sang et d'oxygène aux muscles tandis que l'organisme mobilise dans le même temps les sucres et les graisses. Nous sommes alors prêts à courir plus vite (pour combattre ou fuir), nos forces physiques augmentent et nos réactions sont plus vives.

Notre stress passe par trois étapes :

- une montée très rapide et quasi instinctive de la pression ;
- une phase de résistance qui nous permet de maintenir cette tension un certain temps ;
- une phase d'épuisement quand le phénomène dure trop longtemps; l'organisme ne pouvant alors maintenir la tension.

Ce phénomène de stress peut se produire pour des causes diverses : une réunion ressentie comme cruciale, une décision à prendre, un voyage lointain, un rendez-vous prévu comme difficile… Dans tous ces cas, c'est notre regard sur autrui (ce peut être une personne, un groupe ou une situation) qui provoque cette montée du stress. Ce regard peut être positif ou négatif.

Dans certains cas, vous pouvez vous sentir en infériorité par rapport à autrui (« Je ne suis pas prêt » ; « Il en sait plus que moi » ; « J'ai déjà du mal habituellement, alors là, c'est perdu d'avance »,…).

Dans d'autres cas, vous pouvez aussi ressentir un phénomène de supériorité qui fait monter votre colère (« Ils sont incapables de tenir un délai » ; « Je leur ai pourtant expliqué trois fois » ; « C'est dur et ils ne font rien pour m'aider »,…).

Cela peut s'illustrer par le graphique des « positions de vie », issu de l'Analyse transactionnelle (l'analyse transactionnelle est une approche mise au point dans les années 1950 par Éric Berne. C'est une théorie de la personnalité et de la communication qui analyse les échanges – « les transactions » – entre deux personnes).

Les positions de vie

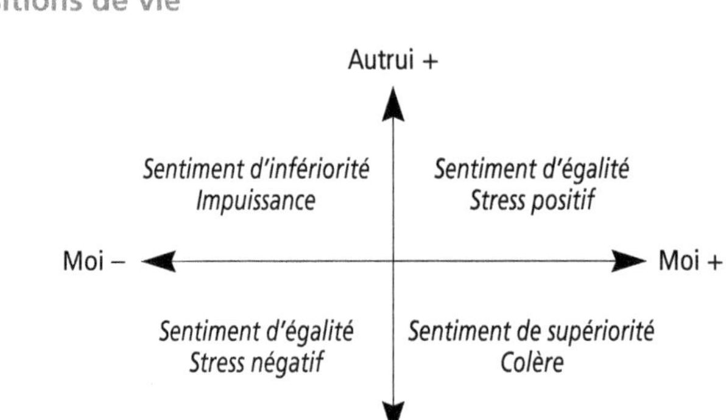

Vous avez travaillé sur un projet avec votre équipe. Votre responsable est satisfait de votre travail et vous le fait savoir. Vous vous sentez à l'aise avec lui et son retour vous donne de l'énergie, du tonus (*sentiment d'égalité, stress positif*).

Pour vous valoriser auprès de la hiérarchie, il vous invite à présenter vous-même votre travail au comité de direction. Vous êtes convaincu, à tort ou à raison, que les membres de ce comité vont vous poser des questions difficiles. Vous n'en dormez plus la nuit. Vous répétez dix fois, vingt fois votre présentation de peur de mal faire (*sentiment d'infériorité*).

La réunion se passe mal pour des raisons indépendantes de votre volonté. En fait, préoccupés par un souci urgent et plus important à leurs yeux, les membres du comité vous accordent cinq minutes, deux transparents et vous écoutent à peine. Vous en ressortez frustré et en colère (*sentiment de supériorité*) : vous trouvez qu'ils passent beaucoup de temps sur des vétilles au lieu de s'occuper de tâches de fond. Ils baissent en termes d'image dans votre esprit.

Vous analysez alors ce qui s'est passé avec votre responsable, qui lui non plus n'a pas compris ce qui s'est passé et est mortifié par leur attitude. Toutefois, vous avez tous les deux le sentiment de ne pouvoir rien faire pour changer la situation (*sentiment d'égalité, stress négatif*).

COMMENT CELA AGIT-IL SUR NOTRE COMPORTEMENT ?

Les causes de stress et les réactions pour y faire face ne sont pas exactement les mêmes pour tous. Il est donc important d'en tenir compte non seulement pour nous-mêmes, mais aussi, et surtout, pour nos interlocuteurs. Inconsciemment, nous pouvons stresser notre interlocuteur sans nous en rendre compte.

Les causes de stress selon les typologies

Elles se regroupent en deux grandes catégories :

- celles qui concernent les personnes qui ont besoin de maîtriser leur environnement et qui n'y arrivent pas par manque de temps ou par la faute des autres (« As de carreau » et « As de pique »),… ;
- celles qui témoignent du besoin d'avoir confiance en l'autre (« As de cœur » et « As de trèfle »).

Rappelez-vous toutefois que vous n'avez pas tous ces facteurs à analyser pour toutes les personnes. Prenez surtout en compte votre opposé (*cf.* chapitre 5).

Tableau de synthèse. Causes de stress par typologie

 **As de pique**
Pression du temps
Changement brusque
Manque d'informations

 **As de carreau**
Travaux mal exécutés
Gaspillage du temps
Dépendance
Manque d'objectif clair

 **As de cœur**
Pas de confiance
Non-prise en compte de l'humain
Précipitation

 **As de trèfle**
Idées dénigrées
Limitations
Sentiment de critique

Faire accepter une décision à son équipe

Le service des achats de l'entreprise de Leila a signé un accord avec une chaîne d'hôtels présente sur tout le territoire métropolitain. Les personnes en déplacement devront descendre dans ces hôtels en priorité. Alors qu'elle pensait y consacrer deux minutes lors de sa réunion d'équipe, Leïla se voit soumise à un tir nourri d'objections.

Exercice : à quelle typologie correspond chacune de ces objections ?

- « Leurs hôtels sont mal situés, je vais perdre du temps. On me paye pour atteindre des objectifs ou faire des économies de bouts de chandelle ? »
- « Le contact dans ces hôtels est froid. Je ne m'y sens pas à l'aise. Que vont dire mes hôteliers chez qui je descends régulièrement ?»
- « J'ai refait les calculs. Mes hôtels sont moins chers. Qu'est-ce que je fais de mes réservations, parce que j'ai planifié mes nuits pour les quatre mois à venir ? »
- « Après l'hôtel, le service achats va nous dire de manger ici et là. Après, ils vont nous planifier nos tournées pour économiser de l'essence. Ont-ils déjà vu un client ? »

Au final, Leila a dû y consacrer plus de temps que prévu.

Réponse à l'exercice : les typologies concernées

- Objection 1 : « As de carreau »
- Objection 2 : « As de cœur »
- Objection 3 : « As de pique »
- Objection 4 : « As de trèfle »

Les modes de réaction

Très souvent, vous observez le stress de votre interlocuteur au travers de ses réactions.

Celui qui hurle, qui s'en prend aux autres et dramatise la situation, c'est « l'As de carreau ». Il est nerveux. Le paradoxe, c'est qu'une fois la colère sortie, il se sent mieux et ne comprend pas forcément la réaction de son interlocuteur, encore tout imprégné de ses paroles.

À l'inverse, « l'As de cœur » se replie sur lui-même, se tait et évite de prendre des décisions. Il va plutôt chercher à les faire prendre par les autres.

Bernard et Zoé s'opposent en réunion sur qui animera un projet. Zoé, à dominante « As de carreau », explose et attaque violemment Bernard (plutôt « As de cœur »), l'accusant de tirer un peu trop la couverture à lui. Bernard se tait, mais il bloque toutes les autres décisions. À la fin de la réunion, tout sourire, Zoé vient s'excuser, déclarant ne pas penser ce qu'elle a dit. Bernard acquiesce sans plus, mais la rancœur est encore bien présente.

L'« As de pique » réagit plutôt par une colère froide. Il est en colère, mais celle-ci a du mal à sortir. Cela se voit par ses mouvements agités un peu raides. Il va pinailler sur mille et un détails, prétextant qu'il ne peut rien faire, ni décider sans ceux-ci.

Julien, furieux de la décision qui a été prise, fait la grève du zèle. Il respecte les instructions à la lettre, se retranchant derrière le processus défini et demandant à tout bout de champ des confirmations écrites des instructions.

L'« As de trèfle » pinaille également, mais, chez lui, le stress se traduit par une « diarrhée verbale » incohérente et des critiques dans tous les sens.

Antonin estime que le *reporting* hebdomadaire fait par ses collaborateurs doit lui parvenir le vendredi midi pour qu'il ait le temps d'en faire la synthèse. Tout le monde s'y est plus ou moins plié, sauf Omar qui estime que l'administratif doit se faire quand il a du temps.

Il envoie donc son *reporting* (quand il l'envoie) de manière erratique. Cela met hors de lui Antonin qui accuse Omar de sabotage. Ce dernier s'énerve à son tour et invoque à tour de rôle la direction qui veut des résultats, le service informatique qui ne fournit pas de bonnes prestations, les fournisseurs qui ne répondent pas,... Le ton monte sans que chacun ne s'écoute.

Émotions observables et réactions

Comment reconnaître aisément l'émotion liée au stress ?

Tableau des émotions observables sous stress

En fait, cette montée des émotions provoque une réaction presque instinctive. Cela n'est pas toujours aussi visible. Les usages dans votre entreprise, le respect de la hiérarchie,... tout cela concourt à vous faire réprimer vos attitudes réflexes. Toutefois, la tension est là et elle ressortira en d'autres circonstances (à l'égard des collègues, des collaborateurs, de ses proches ou dans la pratique d'un sport).

COMMENT SORTIR DE CES SITUATIONS ?

Vous observez des comportements divers quand vos interlocuteurs sont stressés. Votre mode de réaction instinctif est de faire... ce que vous voudriez que d'autres fassent quand vous êtes vous-même stressé.

Vous êtes « As de cœur ». Quand vous êtes stressé, vous vous repliez sur vous-même et vous vous taisez. Pas de chance, votre responsable est « As de carreau ». Il remarque votre silence, mais vous presse dans l'action, en espérant que vous allez oublier la cause et sortir de votre position de repli. Cela ne fait que renforcer votre attitude. Vous finirez par en sortir, mais en gardant de la rancœur.

Il faut donc adapter votre attitude aux besoins de votre interlocuteur. Tenez compte du fait que vous êtes ici en attitude de stress et non d'opposition. Vous pouvez être contre les idées de quelqu'un sans être forcément stressé. Vous pouvez aussi être favorable à une décision, tout en étant fortement stressé à cause du délai, de la surcharge de travail…

Les besoins propres à chacun

Il y a deux grands types de besoins basés sur la confiance : la confiance en l'autre en tant qu'expert (vous reconnaissez sa compétence, même si vous ne l'appréciez pas en tant qu'individu) et la confiance en l'autre en tant que personne.

Tableau des besoins propres à chaque typologie

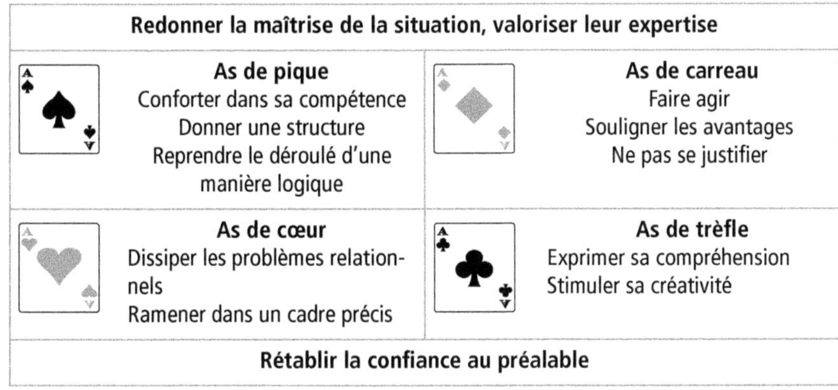

Redonner la maîtrise de la situation, valoriser leur expertise	
As de pique Conforter dans sa compétence Donner une structure Reprendre le déroulé d'une manière logique	**As de carreau** Faire agir Souligner les avantages Ne pas se justifier
As de cœur Dissiper les problèmes relationnels Ramener dans un cadre précis	**As de trèfle** Exprimer sa compréhension Stimuler sa créativité
Rétablir la confiance au préalable	

Outil

Construisez un tableau des modes de comportement des personnes qui vous entourent au travail. L'adaptation de votre comportement permet à la fois de réduire les tensions (elles existeront toujours, le tout est de savoir comment les gérer) et de gagner en qualité d'exécution de la décision.

Les instituts spécialisés dans le stress observent, ces dernières années, une montée générale du sentiment de stress et de fatigue physique et mentale dans les entreprises. Selon une enquête TNS-Sofres de juillet 2007, la principale cause de stress est la peur de perdre son travail et la deuxième, le sentiment d'absence de reconnaissance.

Une explication possible de ce phénomène : les dirigeants sont souvent « As de carreau ». Or, ces derniers résolvent leur stress par l'action, oubliant le facteur humain. Cela a pour conséquence un net détachement des collaborateurs (notamment les « As de cœur ») par rapport à l'atteinte des objectifs. Pour réagir, les « As de carreau » augmentent la pression et la spirale négative s'accentue…

Outil

Comment fonctionne les personnes autour de moi ?

Nom *Exemple*	Mode de réaction observé	Causes de stress	Comment agir avec ?
Max	Boude en le montrant	Changement de décision brusque	Montrer sa compréhension, reconnaître les compétences, expliquer posément le pourquoi

En complétant cet outil, vous gagnez à moyen terme puisque vous développez la motivation de vos collaborateurs dans l'exécution de la décision.

Dans le chapitre 4, une situation de prise de décision en réunion a été illustrée sous la forme du déroulement d'un jeu où chacun était impliqué pour la bonne résolution d'un problème. Lors de ce jeu, en général, un tiers des participants comprend bien la décision (= est capable de reproduire l'argumentation), un tiers l'intègre à moitié et le dernier tiers se met en retrait.

En situation de stress (lorsque, par exemple, un temps perçu comme court est donné aux participants), les résultats sont moins bons avec un nombre accru de personnes en retrait. Si c'est le but recherché, c'est parfait, sinon…

S'affirmer dans les situations difficiles
(Exercice : reconnaissez les typologies de chacun)

Martial vient d'annoncer à certains de ses collaborateurs que le projet XYZ est arrêté momentanément. Ils doivent se concentrer sur le projet ABC. Or, le projet XYZ était perçu par l'équipe comme un projet phare et stimulant. Ils renâclent devant cette décision. Martial choisit de les recevoir un par un.

- **Nathalie**, arrive avec tout un ensemble de documents dans lesquels Martial et la direction insistent sur l'importance du projet. Martial reconnaît la compétence du travail effectué, souligne les progrès accomplis, puis reprend un par un les arguments développés en réunion, à chaque stade de leur compréhension.

- **Clotilde**, pour sa part, ne dit rien. Martial passe du temps d'abord à dissiper les problèmes relationnels : le changement est indépendant de son regard sur le travail de l'équipe et le sien. Petit à petit, Clotilde va se mettre à parler et exprimer ses craintes. Martial prend sur lui de l'écouter jusqu'au bout et même d'accepter les silences entre deux propos. Finalement, cela fonctionne et Clotilde repart avec le sourire.

- Avec **Fred**, c'est un peu différent. Fred est déjà parti bille en tête sur l'autre projet. Martial doit lui rappeler qu'il y a quand même des travaux à terminer à date sur le projet XYZ. Sans entrer dans les détails et la justification, il vérifie le planning de passage d'un projet à l'autre avec son interlocuteur.

- Il reste **François**, le plus créatif, mais aussi le plus imprévisible du quatuor. Celui-ci parle sans arrêt, passant du coq à l'âne. Martial a du mal à se faire entendre. Finalement, il inverse la situation : il demande à François ce qu'il aurait fait à sa place. François lance plein d'idées pour finalement aboutir à une solution proche… de celle qui a été adoptée.

Avez-vous reconnu la typologie de chacun ?

Nathalie est plutôt « As de pique », Clotilde « As de cœur », Fred « As de carreau » et François « As de trèfle ». Bien entendu, dans la réalité, vos collègues n'ont pas une seule dominante. Observez aussi les réactions qui vous gênent le plus : est-ce plutôt le fait de crier ou de se taire ?

LE STRESS AU PLAN COLLECTIF

Lorsque vous annoncez à un groupe une décision, celui-ci fonctionne avec sa propre dynamique, indépendamment de la dynamique individuelle.

Vous avez noté, au chapitre 4, les cinq phases de la dynamique de groupe :

- la phase de dépendance ;
- la phase d'opposition ;
- la phase de participation ;
- la phase de responsabilisation ;
- la phase d'autonomie.

En phase de stress, le phénomène s'accroît avec des passages successifs du déni à l'acceptation en passant par la colère et l'abattement. Cette dynamique est similaire à celle qui a été identifiée par Elisabeth Kübler-Ross (1926-2004), médecin psychiatre spécialiste des soins palliatifs. Son approche, basée sur l'observation des patients lors de l'annonce d'une maladie très grave, a permis de donner une information plus adaptée à ces derniers. Elle a observé que ses interlocuteurs passaient par cinq phases rassemblées dans le tableau qui suit.

Phases	Exemple
Déni	« Ce n'est pas possible, ils ont dû se tromper. »
Colère	« Pourquoi moi et pas un autre ? Ce n'est pas juste ! »
Négociation	« Je ferai ce que vous voudrez, faites-moi vivre quelques années de plus. »
Dépression	« Je vais mourir... Et alors ? »
Acceptation	« Maintenant, je suis prêt, j'attends la fin avec sérénité. »

Votre groupe, lors de l'annonce de messages ressentis comme difficiles (réorganisation, fusion de services, transfert d'activités, fermeture de sites...), passe par ces mêmes étapes.

Comment accompagner le groupe en pratique ?

En pratique, votre groupe, et, sur un plan individuel, chacun des membres qui le compose, passe par ces phases que nous pouvons résumer par le schéma suivant (selon les travaux de William Bridges, *Les Transitions de vie*, InterÉditions, 2006).

Les phases de période de stress

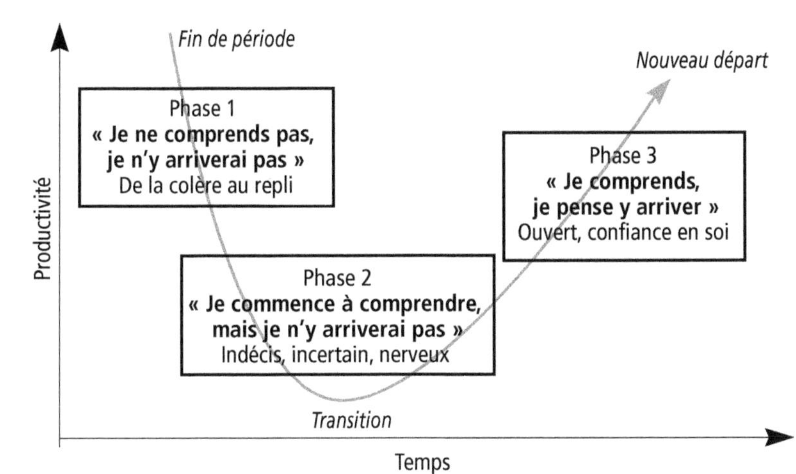

Dans la première phase « *Je ne comprends pas, je n'y arriverai pas* », le groupe passe tour à tour par le déni, la colère puis l'abattement. Il est dans l'émotion et a du mal à entendre un raisonnement rationnel. Chercher à convaincre en passant en force durant cette étape donne peu de résultats.

Si l'annonce est préventive et que l'application se fera plus tard, concentrez vos collaborateurs (ou vos collègues) sur des objectifs à court terme : ce qui doit être réalisé à court terme et comment le faire au mieux d'ici la mise en application.

Le plus important lors de cette phase est de faire s'exprimer les personnes. Elles n'attendent pas forcément des réponses, mais simplement d'être entendues. Vous pouvez aussi les faire parler de leurs succès passés et des compétences acquises ces derniers mois (ou années). Cela les revalorisera à leurs propres yeux.

Lorsque le groupe commence à réagir et que les détails de la mise en œuvre de la décision commencent à être connus, vous pouvez entrer, avec la deuxième phase (« *Je comprends, mais je n'y arriverai pas* »), dans un discours plus rationnel. Le groupe, tout en étant encore réservé, attend un déroulement des événements, des descriptions de poste ou d'actions plus précises.

Le groupe se fissure, certains ayant mûri plus vite que d'autres. Appuyez-vous sur un petit noyau de positifs pour faire évoluer le groupe. Celui-ci vit encore un peu dans le passé, mais surtout dans le présent. Il va falloir lui redonner le goût du futur.

Enfin, ça y est, la mise en place des décisions a eu lieu. Votre groupe évolue dans la nouvelle configuration. Les premiers résultats apparaissent. Il vous faut célébrer les premiers succès même imparfaits et susciter des initiatives en termes de proposition pour faire encore mieux.

L'évolution de votre mode de management

Votre style de management est fonction de trois paramètres :

- vous-même, votre personnalité qui a été façonnée par votre milieu familial, votre éducation et… vos premiers managers ;
- l'équipe : ses attentes et ses besoins sont différents selon sa composition (débutants ou personnes expérimentées) ;
- la situation : selon que vous ayez du temps devant vous ou, au contraire, une urgence, votre attitude diffère.

Si votre système de management fonctionne correctement au quotidien, il est important d'être capable de la moduler en période de stress pour votre équipe.

Pour rappel, vous pouvez utiliser la grille de management de Blake et Mouton, publiée en 1964, qui vous sera très utile.

Notre mode de management est lié à deux paramètres : l'importance accordée respectivement aux résultats et aux personnes.

Adapter son mode de management à la phase de stress

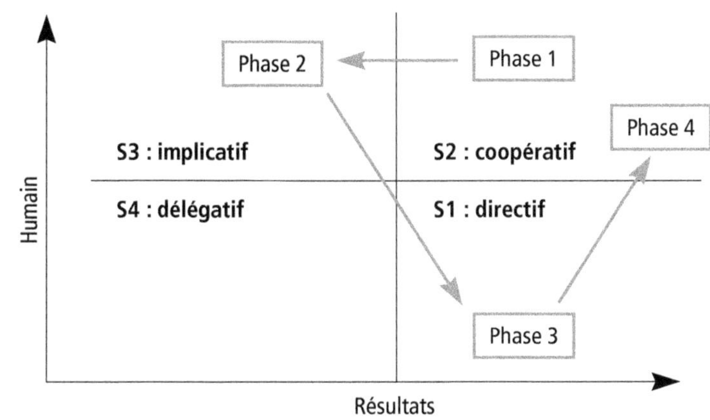

Lorsque vous êtes dans la première phase (« *Je ne comprends pas, je n'y arriverai pas* »), votre groupe ressent à la fois le besoin important d'un côté « humain » (écouter leur ressenti, célébrer les succès, faire le deuil) et, simultanément, de directivité (objectifs à court terme).

Lors de la deuxième phase, votre rôle va être plus implicatif puisqu'il s'agit d'impliquer votre équipe dans la mise en œuvre des actions futures.

Enfin, lorsque les actions liées à la décision sont mises en place, vous allez devoir, en phase 3, être directif (respect des procédures), puis coopératif (encourager les premiers succès).

SYNTHÈSE

Lorsque vous vous sentez « sous pression » négative, vous associez, en général, trois phénomènes : une opinion opposée, une forte émotion et le sentiment d'un enjeu fort. Votre comportement sera alors fonction du regard que vous portez (à tort ou à raison) sur l'autre. La réaction que cela provoque en vous est liée à la fois à la situation et à votre typologie. Pour une même situation, vos collègues peuvent réagir de manière fort différente. Il en ressort un besoin de bien observer son entourage pour connaître les motifs de stress de chacun et les réactions associées. Cela peut vous prendre du temps, tout en limitant les risques de rancœur. Il en est de même sur le plan collectif où le groupe passe par diverses étapes. Celles-ci supposent non seulement une adaptation de votre comportement, mais également du mode de management associé.

Autodiagnostic

Avez-vous tiré parti des informations de ce chapitre ?

Avez-vous...	Oui/ non	Les enseignements que vous en tirez
... analysé les causes des trois dernières situations où vous vous êtes senti stressé ?		
... apprécié le regard que vous portiez alors sur vous et sur les autres ?		
... noté les situations qui vous stressent au quotidien ?		
... vécu des situations difficiles avec votre entourage lors de l'application de décisions ?		
... une idée plus ou moins précise des causes de stress de votre entourage ?		
... noté le mode de communication qui fonctionne alors avec chacun ?		
... une méthode récurrente pour faire passer vos décisions difficiles en réunion ?		
... pris en compte l'évolution du mode de management qui y est associé ?		

Une large majorité de « Oui » ? Bravo ! Vous êtes prêts à aller plus loin.

8 Faire passer des décisions difficiles

Tout n'est pas forcément plaisant dans le monde de la décision. Certaines décisions sont difficiles à prendre. D'autres vous sont imposées et vous devez les répercuter, même si elles ne vous plaisent pas. Vous pouvez également avoir à faire face à la mauvaise volonté d'un de vos collaborateurs ou de l'équipe tout entière.

Dans ces différents contextes, s'assurer de l'application de la décision devient un enjeu-clé. Vous pouvez bien sûr vous retrancher dans le style « militaire » de l'exécution sans discussion. Cela fonctionne mal aujourd'hui ou échoue même entièrement. Les tâches sont de plus en plus complexes, les métiers qualifiés. Ainsi, vous demandez aux personnes qui dépendent de vous de prendre des initiatives, de développer l'application de la décision en fonction des besoins. En somme, ils doivent agir « intelligemment ». Le style « militaire » mal compris se traduit souvent par une exécution stricte et rigoureuse de l'ordre.

Dans ce chapitre, vous trouverez des outils pour :

- mieux comprendre ce qui vous fait agir ou réagir par rapport à des décisions ;
- vous affirmer lorsqu'une décision à faire appliquer est difficile pour vous ;
- gérer un collaborateur récalcitrant ;
- animer un groupe récalcitrant.

Mieux comprendre ce qui fait agir ou réagir

Votre perception de vous-même et des autres (hiérarchie, collègues, partenaires extérieurs,...) dépend d'un grand nombre de facteurs comme votre personnalité (au sens de votre typologie), votre histoire professionnelle passée, vos ambitions,… Lorsqu'il vous semble difficile de faire appliquer une décision qui vous a été imposée, vous devez vous interroger sur la difficulté que vous rencontrez. Ce qui vous semble difficile peut paraître simple à d'autres. Vous vous dites alors : « Ils ont moins d'états d'âme », « Ils ont moins de scrupules »,…

Comment l'analyser ?

Vous pouvez utiliser « OSCAR », un outil développé par Dalett, qui prend en compte ces différents paramètres.

Tableau de synthèse : « OSCAR »

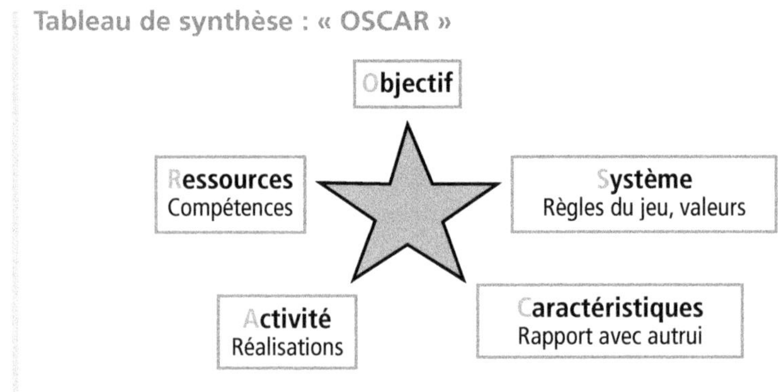

Votre regard sur vous-même et les réactions associées dépendent de cinq facteurs.

Vos objectifs

Ils correspondent à votre ambition, à votre vision de l'avenir, à ce que vous comptez entreprendre. Cela peut être d'atteindre un certain niveau de salaire, une position hiérarchique, un métier donné, une forme de rapport entre travail et vie privée…

Vous êtes manager d'une équipe technique. Vous souhaitez plus d'ouverture et de contacts avec l'extérieur, vous œuvrez au développement de nouvelles solutions. À terme, vous aimeriez évoluer vers un poste de manager technico-commercial, où vous-même (et votre équipe) accompagneriez des ingénieurs commerciaux dans la proposition de solutions au client. Sans renier votre compétence technique, vous élargiriez ainsi votre univers. Ce serait une étape vers un poste à l'étranger.

Votre système (valeurs)

Vous sentez-vous bien dans votre peau et à l'aise, ou bien tendu, stressé, complexé ? Cette image est aussi construite par les valeurs que vous avez.

Vos caractéristiques (relations avec autrui)

Comment êtes-vous intégré au sein de votre équipe ? de votre service ? Vos relations (en interne et en externe) vous font-elles confiance ? Êtes-vous reconnu ? Allez-vous facilement ou difficilement vers les autres ? Ces derniers viennent-ils vous voir et vous solliciter ?

Votre activité (réalisations)

À date, vos réalisations vous donnent-elles satisfaction ? Cela porte non seulement sur vos résultats à date (atteinte des résultats, contributions,…), mais aussi sur votre parcours passé (sentiment de réussite).

Vos ressources (compétences)

Il ne s'agit pas de celles que vous avez à l'instant t, mais celles que vous savez (ou pensez) avoir, celles que vous voudriez développer.

Chercher la (ou les) cause(s) de ce ressenti

Votre ressenti pour assumer l'application d'une décision dépend d'un ou plusieurs de ces cinq facteurs. Voici quelques exemples :

- *Objectifs :* vous rêvez d'un meilleur équilibre vie professionnel/vie privée, or il vous est demandé de voyager de plus en plus ;

- **Système** (*valeurs*) : le fait de devoir réduire votre équipe peut aller à l'encontre de vos valeurs ;
- **Caractéristiques** (*relations avec autrui*) : vos techniciens sont confrontés à des clients de plus en plus exigeants, sans avoir les moyens de les satisfaire. Ils n'appréciaient déjà guère les relations avec la clientèle, alors ils vont être encore plus en porte-à-faux ;
- **Activité** (*réalisations*) : les objectifs qui vous sont assignés vous paraissent irréalistes au regard des résultats actuels et de l'environnement ;
- **Ressources** (*moyens, compétences*) : les nouvelles tâches confiées à votre équipe vous donnent le sentiment de les ramener en arrière.

Outil

Qu'est-ce qui vous met à l'aise ou non dans la décision qu'il vous est demandé de faire appliquer ?

	Questions à se poser : Est-ce que cela…	Oui/ Non	Pourquoi (ou en quoi) ?
Objectifs	… favorise ou contrarie l'atteinte de mes objectifs personnels et/ou professionnels ?		
Système	… heurte mes valeurs, mes croyances ?		
Caractéristiques	… renforce ou risque de détériorer mes rapports avec autrui ?		
Activité	… est ressenti comme réalisable ou non ?		
Ressources	… est dans le bon/ mauvais sens pour développer mes compétences ?		

Gérer une décision qui rend mal à l'aise

Le responsable de Ludivine lui annonce que la date d'envoi du reporting hebdomadaire est avancée du lundi 9 heures au vendredi 18 heures. Il estime que cela n'affecte en rien le travail de son équipe, puisque les collaborateurs le faisaient déjà le vendredi après-midi.

Ludivine est mal à l'aise avec cette décision. Elle remplit sa grille.

	Questions à se poser : Est-ce que cela...	Oui/ Non	Pourquoi (ou en quoi) ?
Objectifs	... favorise ou contrarie l'atteinte de mes objectifs personnels et/ ou professionnels ?	Non	
Système	... heurte mes valeurs, mes croyances ?	Oui	Je n'aime pas et je ne crois pas au « bon » travail sous pression.
Caractéristiques	... renforce ou risque de détériorer mes rapports avec autrui ?	Oui	Il faut leur demander de le faire plus tôt dans l'après-midi pour que je puisse consolider les données, sans remettre en cause les objectifs à atteindre. Cela signifie accroître la pression sur mes collaborateurs le vendredi.
Activité	... est ressenti comme réalisable ou non ?	Oui	Je vais devoir vérifier plus rapidement les données avant leur départ, tout en étant à la merci d'un retardataire. Aujourd'hui, je les parcours le vendredi soir, et j'arrive plus tôt le lundi matin pour les consolider, ce qui me laisse une marge tant pour les retards que pour écrire mes commentaires.
Ressources	... est dans le bon/ mauvais sens pour développer mes compétences ?	Non	

Ludivine comprend qu'il y a à la fois un travail à faire avec ses collaborateurs pour trouver des solutions en commun et un travail à faire sur elle-même pour accepter un peu moins de recul.

COMMENT S'AFFIRMER LORSQU'UNE DÉCISION À FAIRE APPLIQUER EST DIFFICILE POUR SOI ?

Vous avez compris ce qui vous rend difficile la transmission du message. Voici quelques exemples de situations que cela provoque :

- cela peut être dur pour vous, mais pas pour vos collaborateurs,
- vous le ressentez comme juste mais vous estimez qu'ils vont mal le prendre,
- vous êtes convaincu que c'est dur à avaler tant pour vous que pour eux,…

Les comportements automatiques

Dans tous les cas, cela vous stresse et votre comportement change (*cf.* chapitre 7 : l'impact du stress sur la prise de décision) :

- un « As de carreau » a plutôt tendance à passer en force et à imposer sans trop de détails la décision (ou bien à tout rejeter) ;
- un « As de pique » se retranche derrière la décision en déchargeant sa responsabilité ;
- un « As de trèfle » noie le poisson ;
- un « As de cœur » en prend une partie à sa charge et souffre en silence.

Au travers de ces attitudes, vous cherchez, selon les situations à :

- sauver la face ;
- avoir la paix ;
- éviter le conflit.

Analyser vos motifs

Le stress, généré par l'annonce de cette décision qui vous dérange, provoque en vous une série de pensées automatiques. En fait, vous vous racontez une histoire et celle-ci renforce votre comportement.

Quelles sont les histoires que vous vous racontez ? Il en existe trois types :

- *les histoires de victimes* : « Ce n'est pas de ma faute. Je ne peux pas croire que cela m'arrive » (*déni*) ;
- *les histoires de méchants* : « C'est de leur faute. Ils font des erreurs et c'est nous qui payons les conséquences » (*colère*) ;
- *les histoires autour de l'impuissance* : « Je ne peux rien faire. Je n'ai pas le choix » (*déprime*).

Si vous analysez ces histoires en regard du schéma des positions de vie (*cf.* chapitre 7), vous obtenez le diagramme suivant :

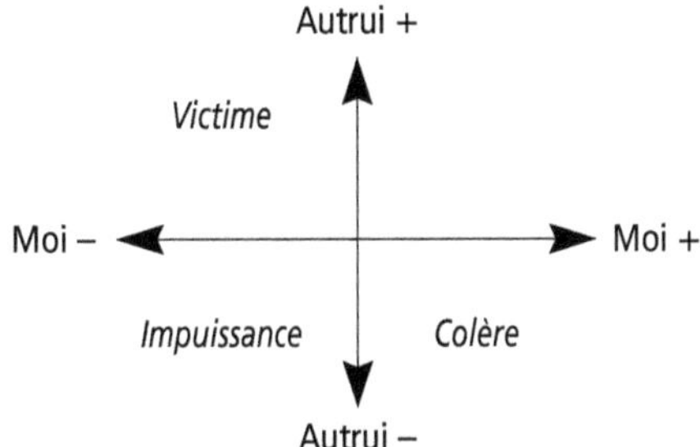

Dans tous les cas, votre réaction va être en décalage par rapport à ce que l'on attend de vous.

Si vous vous sentez « victime », vous reportez la faute sur les autres (votre responsable, la direction, l'environnement,…) Votre langage va être défaitiste. Avec un tel comportement, vos collaborateurs peuvent ressentir de la colère qu'ils tourneront vers vous ou l'entreprise (parce que, par exemple, ils n'ont pas le sentiment que vous les avez défendus). Vous ne ferez que renforcer votre conviction d'être une victime.

Noémie doit annoncer à son équipe les nouveaux objectifs imposées par la direction. Elle leur explique d'un ton triste : « Voici les nouveaux objectifs. Je sais, ils sont élevés, mais la direction me les a imposés. Ils ont promis aux actionnaires que nous les atteindrons. Je leur ai déclaré que c'était difficile, mais ils n'ont rien voulu savoir. C'est tout. À vous de jouer. Faites de votre mieux. »

Noémie pourrait sortir de cette histoire qu'elle se raconte en s'interrogeant : « Quel a été vraiment mon rôle dans l'histoire ? Suis-je vraiment une victime ou bien n'ai-je pas aussi une part de responsabilité pour n'avoir pas fait connaître la difficulté en amont de la décision ? »

Si vous pensez avoir affaire à des « méchants », vous évacuez votre colère en la projetant sur les autres. Vos collaborateurs vont être d'accord avec vous sur le moment, mais après ? Vous devrez les encourager à l'appliquer alors que vous leur avez dit l'inverse.

Imaginez Noémie en colère : *« Ils sont devenus fous ! Ils perdent le sens des réalités ! Voilà les objectifs que nous avons. Je leur ai dit que c'était impossible. Ils ne veulent rien savoir parce que leurs actionnaires veulent des résultats. Je leur ai dit qu'ils auront des résultats, mais pas ceux auxquels ils pensent ! »*

Noémie peut se questionner elle-même : *« Pourquoi mes responsables font-ils cela ? Quelle est la raison ? Ont-ils le choix ? »*

Si vous vous sentez impuissant, vous êtes alors fataliste. Ce n'est ni de votre faute, ni de celle de la direction, c'est le hasard, le sort. Votre attitude provoquera de l'apathie chez vos collaborateurs.

Noémie se sent impuissante : *« Voici les nouveaux objectifs. La direction n'a rien pu faire pour les baisser. Elle sait que c'est quasi impossible. Mais voilà, les actionnaires, le marché, la concurrence… Bref, nous n'avons pas le choix. »*

Pour sortir de cette histoire, Noémie peut se demander : *« Qu'est-ce que mon équipe et moi pourrions faire pour avancer et chercher à atteindre cet objectif ? »*

Savoir transmettre la décision

Une deuxième raison pour laquelle vous avez du mal à transmettre des messages difficiles, c'est qu'en fait, en croyant transmettre des faits, vous échangez avec vos interlocuteurs des opinions et/ou des sentiments.

Le risque est l'interprétation qu'en feront vos collaborateurs. Ils peuvent oublier les faits pour se concentrer sur les interprétations de votre discours.

Les collaborateurs de Noémie (*cf.* exemple ci-dessus) peuvent en déduire : « Elle ne fait pas le poids comme responsable », « elle ne nous défend pas ou mal », « si elle n'y croit pas elle-même, alors nous… », « la boîte est fichue, il vaut mieux aller postuler ailleurs. » Qui parle alors des objectifs, des moyens pour les atteindre ? Personne !

Vous ne pouvez empêcher vos émotions de fonctionner. Vous n'avez guère la possibilité de ne pas les exprimer. Votre attitude verbale et non verbale (les gestes, par exemple) vous trahit.

Si vous ne pouvez les contrôler, alors le mieux est de les dissocier des faits.

Voici une méthode pour y parvenir : la méthode DESC. C'est une méthode qui permet d'exprimer ses émotions pour revenir sur un terrain d'échanges plus équilibré en termes de rapports avec autrui :

- **D** pour **décrire** la situation, donner les faits (et rien que les faits) ;
- **E** pour **exprimer** ses émotions, son ressenti, en utilisant « je » pour montrer que c'est le sien (et non « tu » ou « ils » pour rejeter la faute sur les autres) ;
- **S** pour **solution** : quelles solutions mettre en œuvre ? Tester l'autre pour connaître ses attentes, ses besoins ;
- **C** pour **conclure** sur une base commune.

Noémie présente les objectifs à son équipe :

- *D : « Voici les objectifs. Ils sont non négociables sur les chiffres globaux. »*
- *E : « Voilà mon ressenti. Et vous–mêmes, qu'en pensez-vous ?… (Plus tard) « Je comprends vos réactions. »*
- *S : « Maintenant, voyons comment nous pouvons faire ? Sur quoi porter nos efforts ? »*
- *C : (à la fin du débat) « Donc nous sommes d'accord sur… Pour ma part… De votre côté… »*

GÉRER UN COLLABORATEUR RÉCALCITRANT

Un collaborateur peut être récalcitrant pour de multiples causes :
- il est contre la décision en elle-même ;
- il est contre vous et cela fait partie d'un « jeu » vis-à-vis de vous ;
- il est contre par principe ;
- il a peur de ne pas y arriver…

Il n'y a donc pas une méthode, mais différentes techniques selon les personnes et les situations.

Quelques règles de base à retenir

Apprenez à regarder

Toute personne émet des signes de désaccord non verbaux avant même de les exprimer. Les études sur le stress montrent que si chacun peut mesurer son niveau de stress, c'est très difficile pour un observateur extérieur d'apprécier le niveau de stress de quelqu'un sauf s'il connaît bien la personne observée. Lors du chapitre précédent, vous avez pu noter que les extravertis ont plutôt tendance à exprimer rapidement et verbalement leur désaccord, alors que les introvertis tendent à se murer dans le silence et la réprobation sourde.

Votre rôle est d'observer en réunion ou en face à face l'apparition de signes de détérioration de l'entretien. Cela peut se traduire par des silences prolongés inhabituels, de la gestuelle, voire des débats entre les personnes durant une réunion.

Isolez la personne du groupe

Prenez-la à part pour en débattre avec elle (sauf si une majorité du groupe se sent concernée).

Ré-établissez les conditions d'un dialogue ouvert

C'est la première chose à faire, avant de revenir sur le sujet.

Lors du chapitre 7, vous avez pu noter que cela diffère d'une typologie à l'autre.

Pour un « As de carreau », il s'agit de le mettre dans l'action : « Que ferais-tu à ma place ? » Pour un « As de pique », il est important de reprendre le raisonnement depuis le départ et de vérifier le point de désaccord. Avec un « As de trèfle » et un « As de cœur », votre objectif est d'abord de rétablir la confiance au niveau humain (reconnaître leurs compétences, leurs qualités, le respect mutuel,…) avant de débattre du sujet.

Exemple de discours : *« Je veux que tu saches que j'apprécie ton mode de travail en équipe et ton comportement en général. La décision qui a été prise peut affecter ton travail, mais je suis convaincu que tu as les atouts pour réussir. Voyons comme je peux t'aider… »*

Adoptez une attitude d'ouverture

Elle permet de rétablir le dialogue, mais n'empêche pas d'être ferme sur le non-négociable. Dans un entretien de recadrage (pour l'application d'une décision), il faut savoir varier les modes de management :

- un temps d'exploration pour exprimer les faits, votre propre ressenti et comprendre celui de l'autre (étapes Décrire et Exprimer du DESC vues précédemment) ;
- un temps d'influence pour tester des solutions en distinguant bien le non-négociable du négociable (l'étape Solution du DESC) ;
- un dernier temps de conclusion autour de la solution arrêtée, qui peut être imposé si l'enjeu est la partie non négociable (l'étape Conclusion du DESC).

Dalila, en discutant avec ses collègues, apprend fortuitement que les éléments transmis par Christophe, un de ses collaborateurs, ne conviennent plus. Avant de rencontrer ce dernier, elle cherche à mieux connaître les besoins et prépare une solution. Lorsqu'elle rencontre Christophe, elle lui fait part de sa découverte et propose de l'aider à mettre en œuvre une nouvelle approche plus compatible avec les besoins de ses clients internes. Qu'elle n'est pas sa surprise de voir Christophe se refermer comme une huître : « Ils ne m'en ont jamais parlé ! », « Ces documents servent à d'autres services », « Je ne fais pas du cas par cas », « C'est infaisable »,... Elle a beau expliquer à Christophe que ce n'est pas une critique de son travail, mais une suggestion d'amélioration, celui-ci n'en démord pas et repart en maugréant.

Quelques jours plus tard, elle revoit Christophe et lui rappelle le besoin, puis lui exprime son ressenti. Ensuite, elle lui demande comment il a ressenti cela. Christophe lui avoue qu'il a investi beaucoup de temps pour mettre au point une procédure informatique pour concevoir les documents actuels. Ce qui le perturbe dans sa décision, c'est d'une part de devoir abandonner son logiciel et, d'autre part, le fait qu'il apprenne par elle et non par ses collègues la non-adéquation de ses documents. Dalila lui précise qu'il s'agit d'un hasard et non d'une enquête.

À ce stade, ils sont mûrs tous les deux pour chercher des solutions. Finalement, ils concluent qu'elle va lui dégager du temps pour bâtir une nouvelle procédure plus en adéquation avec les besoins.

ANIMER UN GROUPE DIFFICILE

La gestion d'un groupe récalcitrant en réunion suppose trois préalables.

1. La réunion a été organisée et animée de manière professionnelle, à savoir :

    • une préparation en amont ;

    • la recherche du support de leaders positifs en amont ;

    • une ouverture claire sur le but et les objectifs ;

    • un débat où chacun a pu s'exprimer et a perçu qu'il a été écouté.

2. Le contexte de cette réunion : le groupe peut être récalcitrant non pas à cause de la décision présentée, mais pour d'autres raisons indépendantes.

3. Tout groupe passe par des phases de dépendance et d'opposition avant de devenir ouvert et constructif. Comme nous l'avons vu au chapitre 4, ces phases sont normales. Elles traduisent à la fois le phénomène de fusion du groupe et d'appropriation du sujet.

Lorsque ces trois conditions sont bien respectées, les difficultés peuvent alors venir soit de quelques opposants, soit de l'ensemble du groupe.

Gérer les « négatifs » en groupe

Le cas le plus fréquent est le leader négatif. Il est leader, dans le sens où son avis peut influencer les autres. Il est négatif pour des raisons soit circonstanciées (il a tout à perdre, par exemple, et rien à gagner de la décision), soit générales (il est un opposant systématique à vous ou à toute décision de la direction).

La meilleure tactique est la prévention (*cf.* chapitre 4). Rencontrez en amont des leaders positifs et surtout des hésitants pour avoir un solide groupe d'appui.

Lors des interventions de l'opposant devant le groupe, sachez l'écouter, prendre en compte ce qu'il dit tout en soulignant qu'il s'agit d'une opinion personnelle. Ne débattez pas avec lui directement, mais favorisez plutôt les interventions du reste du groupe.

Il peut y avoir également des interventions d'ordre négatif d'autres personnes. Si leurs interventions sont sur le thème débattu, contrebalancez-les par du « pour ». Si c'est hors sujet, recentrez la discussion.

Vous êtes en groupe : appuyez-vous sur le groupe !

Gérer les groupes récalcitrants

Parfois, c'est tout ou partie du groupe qui est récalcitrant.

Outil

Gérer un groupe récalcitrant

Si...	Vous pouvez...
Le groupe dévie du sujet	– le lui rappeler ; – faire un résumé ; – prendre note de ce qu'il dit ; – et souligner l'absence de lien avec la décision.
Des discussions s'instaurent dans le groupe	– vous taire vous-même en regardant le groupe ; – donner de la voix avec humour ; – généraliser la discussion (si c'est un aparté intéressant).
Le groupe boude (ne veut plus participer)	– éviter toute agressivité ; – revendre l'intérêt ou la nécessité du sujet ; – faire une pause ; – à la reprise, reprendre sous une autre forme l'application de la décision.
Le groupe se ligue contre vous ou conteste l'intérêt	– éviter l'agressivité ; – ne pas chercher à convaincre ; – faire une pause ; – analyser les positions individuelles ; – si le problème est profond, arrêter la réunion ; – gérer l'application individuellement ou par petits groupes.

Cas pratique

Ludovic vient d'annoncer en réunion de service sa décision de sévir si ses collaborateurs ne mettaient pas leur ceinture de sécurité au volant lors de leurs déplacements professionnels. En effet, l'un d'entre eux a eu un accident qui aurait pu mal se terminer parce qu'il ne la portait pas lors du choc. Il a heurté son volant et s'en sort, par chance, avec quelques contusions.

Ludovic commence par rappeler les faits, la loi et le contrat de travail en termes d'usage des véhicules.

Il exprime son ressenti suite à l'accident survenu il y a peu de temps. Puis, il laisse la parole aux participants. Parmi ceux-ci, Rémi invoque un mal de dos qui l'empêche de bien se tourner, Hamid un oubli occasionnel et Annie une opposition de principe.

Ludovic décide de traiter les cas de Rémi et d'Hamid en groupe. Il comprend la position de Rémi, sous réserve d'un certificat médical. De son côté, il est prêt à modifier le système de ceinture dans la voiture de Rémi pour qu'il soit plus maniable. En échange, Rémi prendra rendez-vous dès la sortie de réunion avec son médecin traitant.

En qui concerne Hamid, après un échange courtois, mais ferme, ils se mettent d'accord sur l'installation d'un « bippeur » dans sa voiture qui se mettra en marche si le moteur tourne et la ceinture n'est pas mise.

Le reste du groupe comprend, partage leur ressenti et accepte les règles.

Reste le cas d'Annie : Ludovic s'entretient avec elle dans son bureau. Annie prétexte la qualité de sa conduite et l'importance accordée à la sécurité. Il reconnaît la qualité de son travail et sa conduite, mais ne cède en aucun point sur le port de la ceinture. La pression morale du groupe la fait plier (peur d'être rejetée par ses collègues si elle met en danger leur couverture d'assurances en se dissociant d'eux).

SYNTHÈSE

Accepter une décision perçue comme difficile pour soi suppose d'abord de comprendre pourquoi elle l'est. Ce ressenti négatif peut provenir de multiples causes : cela peut être en rapport avec vos objectifs futurs, vos valeurs, vos compétences, l'image que vous avez de vos rapports avec autrui ou bien vos résultats à court terme. Il est également important de comprendre la nature de l'histoire que vous vous racontez en développant ce sentiment négatif. Cela vous permet de mieux séparer les faits des émotions.

Toutes ces approches vous servent lorsque vous avez à gérer un collaborateur récalcitrant, voire un groupe. Cela favorise votre sens de l'observation en amont et la recherche des conditions d'un dialogue ouvert. Les modes d'action sont différents s'il s'agit d'une personne isolée ou d'un groupe. Dans ce dernier cas, rappelez-vous qu'un groupe passe par différentes phases, dont celle du rejet. La rébellion vécue est-elle temporaire ou profonde ?

Autodiagnostic

Avez-vous tiré parti des informations de ce chapitre ?

Avez-vous…	Oui/ non	Les enseignements que vous en tirez
… analysé à l'aide de la grille « OSCAR » proposée une décision récente qui vous a mis mal à l'aise ?		
… trouvé quels sont vos points sensibles selon « OSCAR » ?		
… apprécié les types d'histoires que vous vous racontez le plus souvent ?		
… testé la méthode « DESC » ?		
… observé, lors de la dernière réunion où vous étiez participant, les signaux de tensions ou de stress exprimés par les participants ?		
… mesuré la différence d'approche entre la méthode proposée pour recadrer une personne et celle que vous utilisez le plus souvent ?		
… la capacité de gérer en prévention un ou des leaders négatifs ?		
… récemment recadré des groupes avec une des méthodes proposées ?		

Une large majorité de « Oui » ? Bravo ! Vous êtes prêts à aller plus loin.

PARTIE V

LE TEMPS INFLUE
SUR L'APPLICATION
DE LA DÉCISION

Vous ne gérez pas UNE prise de décision, mais de multiples décisions à des niveaux de développement différents. Par ailleurs, les impacts des décisions entre elles, les changements dans l'environnement vous conduisent à faire vivre dans le temps l'application de celles-ci. Comment en tirer parti ?

Vous avez donné les consignes d'application de la décision, vous avez réussi à surmonter les tensions causées par celles-ci et convaincu les récalcitrants de rentrer dans le rang. Peut-être estimez-vous à ce stade avoir fait le plus gros du travail. Vous avez en partie raison. Toutefois, cela ne signifie pas que vous avez terminé. Vous pouvez même vous dire que vous avez fait la partie certes la plus dense, mais aussi la plus rapide. Il vous faut maintenant suivre l'application de la décision dans le temps.

Cela ne se fait pas tout seul. Les changements constants, rapides et brusques de l'environnement, la multiplicité des tâches des personnes concernées et la relative autonomie de celles-ci dans leur organisation du temps font qu'il est important de suivre la bonne application de la décision, sous peine de la voir déformée ou même oubliée.

Cela ne vaut pas que pour l'entreprise. La commission de contrôle de l'application des lois au Sénat note chaque année, dans son rapport annuel, qu'un tiers des lois votées, souvent à grand fracas de débats et d'affirmations d'engagement, ne sont pas mises en œuvre, en l'absence de décrets d'application. La faute aux ministères concernés ? Peut-être, mais ces derniers rétorquent que nombre de leurs questions précises sur les champs d'application n'ont pas de réponse de la part des élus, passés depuis lors sur d'autres sujets.

Comment bien suivre dans le temps l'application des décisions ? Cela passe par quatre étapes :

* favoriser la mise en place de la décision et son évolution ;
* déléguer progressivement la responsabilité du suivi ;
* avoir un ou des outils de suivi de son application ;
* célébrer les succès.

FAVORISER LA MISE EN PLACE DE LA DÉCISION ET SON ÉVOLUTION

Le feu vert d'application de la décision est donné. Les personnes concernées ont été informées. Que reste-t-il à faire ? Peu ou beaucoup, seriez-vous tenté de dire. Une décision qui affecte peu le quotidien ou le mode de travail des personnes se met rapidement en place (par exemple, les dossiers XYZ doivent être adressés à un autre service que précédemment), alors que d'autres décisions peuvent avoir des conséquences imprévues au début (par exemple, le service qui va maintenant traiter les dossiers XYZ a mal évalué la charge de travail qui l'attendait).

La mise en place de la décision et son évolution passent par quatre étapes :

- le lancement ;
- la montée en puissance ;
- la rentabilisation ;
- la fin de l'application de la décision.

Le lancement

Le grand jour est arrivé. À partir de maintenant, la décision entre en application. Cela peut être un nouveau logiciel, une nouvelle manière de traiter les dossiers, un nouveau projet. Bien sûr, en amont, vous avez évalué les moyens humains, financiers et matériels nécessaires. Vous avez informé les personnes concernées et les cercles périphériques qui vont être impactés à un titre ou à un autre.

Dans le meilleur des mondes (dans votre service peut-être), tout est en place au bon moment. Malheureusement, dans la réalité, il y a souvent des impairs : le logiciel prévu a encore des bugs, le planning des formations prévues est en retard, l'effectif prévu n'est pas au complet. En résumé, les lancements ne sont pas toujours des parties de plaisir. Vous devez jongler avec les urgences, les procédures transitoires…

Cette phase, aussi bien préparée soit-elle, est placée sous le signe de l'urgence. Il vous faut donc dans cette période être présent auprès des personnes concernées et prévoir des scénarios alternatifs. Comme évoqué dans le processus de montée en compétence d'un groupe (*cf.* chapitre 4), ce dernier est alors en phase de dépendance. Il attend tout de vous. Ne comptez pas trop sur lui. Prévoyez donc des consignes à court terme, des réunions fréquentes (quelques minutes tous les jours sont souvent plus efficaces que deux heures au bout d'un mois). Prenez ensuite votre bâton de pèlerin (et/ou votre téléphone) pour vous assurer que les services périphériques concernés mettent bien en place la décision et surtout appliquent les mesures transitoires.

Jean a mis en place une journée portes ouvertes dans sa concession automobile. Prévue initialement uniquement le samedi, il est finalement décidé de l'étendre au dimanche, l'autorisation préfectorale ayant été accordée à la dernière minute. La publicité locale est alors modifiée. Le samedi, la concession a de très nombreux visiteurs et Jean est aux anges. Par contre le dimanche, c'est la déception : peu de visiteurs, à la différence des années précédentes. Le lendemain, Jean a la surprise d'entendre des amis lui dire qu'ils avaient été dissuadés, la semaine précédente, par la standardiste de la concession de venir : « Ce sera fermé dimanche. » Une rapide enquête lui apprend que personne n'avait informé celle-ci du changement de période d'ouverture.

La montée en puissance

À ce stade, l'application de la décision se fait tant bien que mal. Même si tous les défauts (bugs informatiques, manque de moyens,...) n'ont pas été corrigés, des mesures transitoires permettent à chacun de savoir ce qu'il doit faire.

Ce stade est celui de la formalisation (provisoire) des normes et des procédures. Il s'agit pour vous de bien faire fonctionner les personnes entre elles et d'établir des liens adéquats avec les services fournisseurs d'information (en interne et/ou en externe) et avec les clients (qu'ils soient eux aussi en interne ou en externe). N'hésitez pas à consulter fournisseurs et clients pour vous assurer de la bonne adéquation de la mise en œuvre.

Cette mise en forme des procédures permet également de prendre la mesure des compétences requises. Celles-ci peuvent être dans les faits différentes de celles qui étaient attendues. Dans ce contexte, les personnes impliquées ont-elles les compétences requises ? Quelles mesures prendre si ce n'est pas le cas ?

Dans une grande entreprise nationale distributrice d'énergie, il a été ainsi décidé, il y a quelques années, de demander aux clients qui appellent cinq informations sur leur mode de consommation afin de mieux connaître leurs besoins. Les opératrices ont donc été informées de cette décision. Les logiciels sont modifiés pour prendre en compte des réponses de type binaire : oui/non. À la grande surprise des décideurs, le pourcentage de réponses varie énormément d'un site à l'autre. Argument invoqué le plus souvent : le refus des clients de répondre. Une brève enquête terrain permet de déceler une cause plus profonde : la peur de poser des questions. Nombre d'opératrices compétentes pour répondre aux questions des clients n'osent pas les interroger. L'entreprise doit alors organiser des stages de formation pour lever ces freins.

Ce stade est également celui où vous pouvez impliquer vos collaborateurs dans la recherche de solutions ou de mesure d'optimisation. Ils ont alors suffisamment de recul pour préconiser des actions de correction. Ils entrent ainsi non plus dans un changement subi, mais dans une dynamique de changement voulu.

La rentabilisation

L'application de la décision est maintenant bien ancrée. Chacun connaît son rôle. L'intégration des nouveaux est facilitée par les procédures mises en place. Vous pouvez avoir un regard plus lointain sur l'application.

Ce stade est celui de la délégation. Vous déléguez plus d'autonomie aux personnes concernées. Il ne s'agit toutefois pas d'une application routinière. Des changements dans l'environnement, l'impact d'autres décisions prises depuis dans d'autres domaines ou, plus simplement, des mesures de rationalisation, voire de simplification, liées à l'expérience acquise, peuvent vous conduire à faire évoluer l'application.

Il est nécessaire de bien distinguer l'esprit et la lettre. La lettre est l'application pure et simple. L'esprit est l'usage que vous voulez en faire. Parfois, l'écart est si grand que la mesure perd tout son sens.

Suite au lancement d'un nouveau logiciel, une double procédure de contrôle est mise en place provisoirement dans un service. Un an plus tard, cette double procédure est institutionnalisée, tout le monde ayant oublié le caractère provisoire. Au final, cette décision se traduit par un alourdissement du travail, loin de l'objectif initial.

La fin de la décision

Il n'est guère de décision qui soit permanente. Le changement de contexte ou l'usage de nouvelles techniques peuvent entraîner la fin de l'application d'une décision et le passage à d'autres. Cela peut être perçu par certains comme la fin d'une époque, voire créer la peur de ne pas pouvoir y arriver.

La saisie informatique instantanée des chèques déposés à un guichet de banque a ainsi modifié l'organisation du *back office*. Nombre de personnes qui avaient pour but de traiter ces chèques ont dû se reconvertir vers des postes parfois très éloignés de leur champ de compétences d'origine : accueil au guichet, comptabilité…

Ces changements de méthode qui se produisaient il y a encore une dizaine d'années sur un rythme qui nous paraîtrait très lent aujourd'hui (tous les deux à quatre ans) sont maintenant rapides et constants. Pour des personnes de typologies dominantes « As de pique » ou « As de cœur », cela est déstabilisant :

- pour l'« As de pique », la remise en cause des normes qu'il respecte le remet en cause parce qu'il estime la qualité de son travail au respect de celles-ci ;
- l'« As de cœur » a peur pour ses collaborateurs ou ses collègues.

Tout changement a un impact plus ou moins important au niveau des émotions. Cela peut être la joie (c'est une nouvelle méthode facilitant le travail) ou la peur (de ne pas y arriver). Vous ne pouvez le rationaliser de prime abord. Il faut d'abord passer par le stade des émotions pour ramener votre interlocuteur sur le plan rationnel. Vous gérez alors un processus de deuil (celui de la fin d'une tâche à laquelle cette personne est accoutumée).

Ce processus de deuil est important pour remettre la personne dans l'action. Pour cela, procédez en trois phases :

- faites exprimer à la personne (ou au groupe) ce qu'elle aimait dans cette tâche (niveau ressenti) et montrez votre compréhension ;
- faites-lui citer une ou deux anecdotes sur des cas où cela se serait particulièrement bien passé. Créez un souvenir positif ;
- repassez alors sur le plan rationnel en soulignant en quoi les compétences mises en œuvre ou l'adaptation montrée pour l'application de cette décision vont jouer dans la nouvelle action.

Bernadette est gestionnaire de contrats. Son travail, au départ purement administratif, évolue progressivement vers la relation client (appels entrants et sortants). Si Bernadette sait répondre aux appels, elle a peur de ne pas parvenir à appeler des clients pour attirer leur attention sur leurs contrats (documents absents ou incomplets,…). Son responsable la fait parler sur son travail actuel. Elle lui dit qu'elle apprécie le fait de rendre service aux gens. Quand ses interlocuteurs la remercient, elle est aux anges. Elle lui raconte deux anecdotes de cas où les clients furieux en appelant ont fini leurs conversations enchantés du service rendu. Mieux, ils lui ont même écrit pour la féliciter. Son responsable peut alors mieux lui présenter l'intérêt d'appeler des clients avant même qu'ils ne l'appellent. Bernadette en repart revigorée.

DÉLÉGUER PROGRESSIVEMENT LA RESPONSABILITÉ DU SUIVI

Lors de l'application de votre décision, vous allez progressivement déléguer la responsabilité des actions à mettre en place. En France, en général, la délégation a mauvaise presse. Elle est perçue comme la transmission d'actions inintéressantes pour celui qui délègue. De plus, elle est faite sans suivi effectif (sauf quand cela ne fonctionne pas). La délégation bien gérée, pourtant, a une réelle valeur en termes de management et d'application des décisions :

- pour celui qui reçoit la tâche déléguée, cela peut être à la fois un signe de reconnaissance et une montée en compétences ;
- pour celui qui délègue, cela lui libère du temps pour accomplir pleinement d'autres missions dont il a lui-même la charge.

Ce que doit être ou non une délégation perçue comme telle

Le principal frein à une bonne délégation est l'image que vous avez de vous-même et des autres. Si vous avez du mal à déléguer, c'est peut-être parce que vous avez :

- un besoin de tout contrôler ;
- un manque de confiance dans vos collaborateurs ;
- la peur de ne pas tout savoir et d'être dépendant en termes d'informations.

Pour bien déléguer, il faut que vous acceptiez de ne pas tout faire (ou tout savoir). Tout d'abord, vous ne saurez pas forcément tout faire. Manier un logiciel demande de la pratique. Si vous ne le faites pas quotidiennement, vous ne saurez jamais aussi bien le faire que vos collaborateurs. Ensuite, parce qu'à vouloir tout faire et tout contrôler vous allez être vite submergé. Enfin, vous frustrerez vos meilleurs éléments qui se sentiront dévalorisés.

Une bonne délégation, pour mériter cette appellation, doit être à la fois :

- claire et bien définie dans son principe ;

- être composée de ressources associées ;

- et surtout que la personne recevant ses nouvelles missions bénéficie d'une certaine autorité pour réaliser le travail (vous ne déléguez pas seulement une tâche, mais aussi l'autorité qui y est associée).

Déléguer progressivement

Chloé s'est vu déléguer la tâche de répondre aux clients qui demande un report de paiement. En fait, elle se rend vite compte que si sa tâche est claire, elle n'a aucune marge de manœuvre. À chaque fois, elle ne peut que dire « non » ou bien soumettre le cas à son responsable. Celui-ci, vite débordé par les multiples sollicitations de Chloé, change sa méthode. En regardant ensemble les cas qui se présentent, ils se rendent vite compte que 80 % des cas concernent des reports de paiement d'un mois ou moins. Sous réserve que le client soit un client régulier sans antécédents, il délègue à Chloé l'autorité de décider elle-même. Les 20 % d'autres cas feront l'objet d'un traitement au cas par cas une fois par semaine entre lui et elle.

Satisfaite de la décision, Chloé prend son rôle très à cœur et négocie bien les reports de paiement. Au bout de quelques mois, c'est une nouvelle tranche de cas litigieux (10 % des cas) qu'elle peut traiter seule.

Les cinq étapes d'une délégation réussie

Pour être réussie, une délégation doit comprendre cinq étapes :

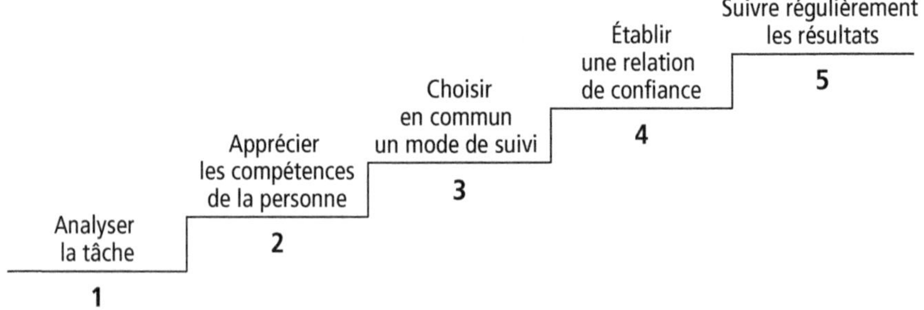

Analyser la tâche

Quelles sont les compétences requises (en termes de savoir, de savoir-faire, de savoir-être) ?

Analyser la personne choisie

Dispose-t-elle des compétences requises ? Peuvent-elles être compensées voire développées ? À titre d'exemple, ce qui relève du savoir ou du savoir-faire peut être plus facilement compensé ou développé (formation, travail en binôme,…) que le savoir-être.

Choisir en commun un mode de suivi

Dans la pratique comment va se faire :

- le transfert de compétences lui-même ?
- le suivi dans le temps (par exemple : quotidien les premiers jours, puis une fois par semaine…) ?

Établir une relation de confiance

La délégation doit être perçue comme une marque de confiance. Tenez alors compte de la typologie des personnes :

- un « As de carreau » veut très vite être autonome ;
- un « As de pique » souhaite une procédure écrite.

Pour commencer, déléguez des petites tâches, puis des grandes, progressivement, afin d'apprécier le potentiel des personnes. Par ailleurs, commencez tôt cette démarche dans la mise en œuvre de la décision : cela vous permet d'impliquer plus rapidement vos collaborateurs et de recueillir leurs avis.

Suivre régulièrement les résultats

Cela est synonyme non seulement de respecter ses engagements de suivi périodiques, mais également de donner des signes de reconnaissance tant positifs que négatifs sur la tâche. Sans signes positifs, vous dissuadez l'initiative.

SUIVRE L'APPLICATION DE LA DÉCISION DANS LE TEMPS

Suivre l'application consiste à suivre qualitativement et quantitativement la mise en œuvre de la décision. Il existe à ce sujet deux écoles :

- l'école classique mesure les résultats à date, les écarts éventuels, et le reste à faire ;
- l'école du progrès, plus récente, déborde du cadre strictement quantitatif pour intégrer une dimension qualitative et surtout impliquer les collaborateurs.

L'école classique du résultat quantitatif

L'approche classique a l'avantage d'être synthétique et orientée résultats. Voici un exemple de tableau qui permet de suivre la mise en œuvre d'une décision lors de réunions de suivi.

Compte-rendu de réunion de suivi

Compte-rendu réunion du :				
Présents :		Absents :		
Diffusion				
Thèmes et objectifs	**Actions**	**Qui ?**	**Date limite**	**Contrôle**

Cette approche a l'inconvénient de mettre davantage en exergue les points négatifs (retard, décalage,…) que les points positifs. Cela dépend bien sûr de la manière dont sont lus les résultats. Malheureusement, dans la culture managériale française, ce qui est réalisé dans les temps est considéré comme normal. Les efforts que vous avez pu produire, vous-même et ou vos collaborateurs n'apparaissent pas.

L'école du progrès

Les professeurs américains Kaplan et Norton[1] proposent un tableau à quatre dimensions : aspects financiers, clients (internes et/ou externes), processus et personnel. Ce tableau met en valeur le travail qui a été accompli (et à accomplir) non seulement sur les aspects quantitatifs et qualitatifs, mais aussi sur les liens qu'ils entretiennent. Ce tableau, construit avec votre équipe, offre une vue plus globale sur l'application de la décision.

Application de la mise en œuvre d'un tableau dynamique

Il a été décidé de mettre en place un nouveau logiciel de saisie des commandes dans le service d'Annabelle. Celle-ci décide de fédérer son équipe autour de l'application de cette décision grâce à ce tableau.

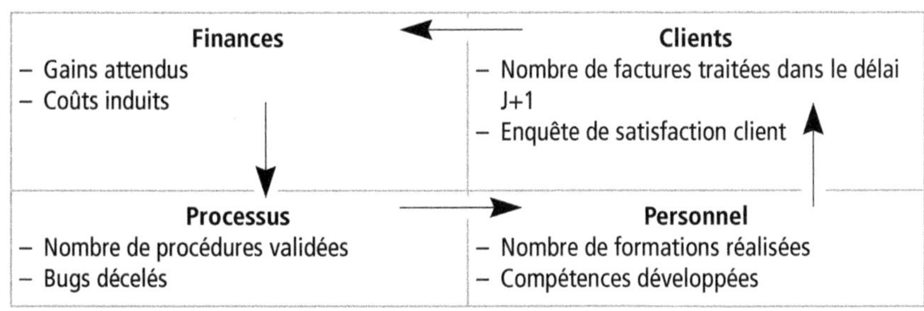

Avec ce tableau, Annabelle peut valoriser non seulement les résultats (nombre de factures traitées, gains,…), mais aussi les actions en appui de cette mise en

---

1. *Tableau de bord prospectif*, R. S. Kaplan, D. P. Nortin, Éditions d'Organisation, 2003.

œuvre (formations, procédures). Les flèches dans le tableau indiquent les liens entre les quadrants. Ainsi, plus il y a de formations rapidement, mieux seront traitées les factures dans les temps. Cela jouera sur les gains attendus. Cela permettra la validation des procédures (suite aux retours des collaborateurs) et le développement des compétences de ces derniers.

Ce tableau plus dynamique a l'inconvénient d'être moins standard. Or, dans de nombreuses entreprises, la multiplicité des suivis à réaliser contraint à une certaine homogénéité des approches.

Vous pouvez, à côté des tableaux officiels de *reporting*, bâtir un tel outil. Il présente l'avantage de vous servir à la fois d'outil d'animation avec votre équipe et de support d'analyse avec le management.

Si les formations prévues ont pris du retard pour des causes indépendantes de votre volonté ou que les bugs entravent le bon fonctionnement, les résultats apparaissent clairement dans ce tableau.

CÉLÉBRER LES SUCCÈS

Pour parvenir au résultat attendu, vous pouvez choisir entre un mode de management par la pression et un mode de management par la dynamisation humaine. Vous retrouvez les deux grandes dimensions de l'approche de Blake et Mouton (*cf.* chapitre 7) avec celles de la production et du résultat.

Comme souvent, la pratique se trouve quelque part entre les deux : un peu de pression et un peu d'humain. Pourquoi ? Parce que, selon les typologies et les situations, vous pouvez avoir des collaborateurs qui font mieux leur travail avec plus ou moins de pression et/ou plus ou moins d'humain.

Ségolène aime beaucoup le contact humain, mais peu les tâches administratives. Elle n'a besoin de personne pour prendre des rendez-vous, aller voir des clients et décrocher des contacts. Par contre, s'il n'y avait pas son responsable pour lui mettre la pression, le *reporting* serait fait seulement de temps à autre.

Ce qui est important, dans tous les cas, ce sont les signes de reconnaissance que vous adressez à votre équipe. La mise en application d'une décision peut être laborieuse pour certains, voire pour tout le monde. Les changements d'habitudes, de repères, de façon de travailler sont plus ou moins difficiles, surtout si vous n'en voyez pas l'intérêt ou la finalité.

Dans ce contexte, mettre son équipe dans une dynamique de réussite est important. Célébrer les succès est une manière de dynamiser l'équipe dans son ensemble et chacun en particulier.

Célébrer quels succès ?

Vous pouvez créer des succès à célébrer. Souvent, les objectifs dans les entreprises sont élevés et situés à un horizon lointain (semestre, année).

Sans en faire trop, il y a de nombreux événements qui peuvent se fêter :

- le premier contrat ;
- la première facture passée ;
- l'atteinte d'un objectif provisoire au bout d'une semaine ou d'un mois.

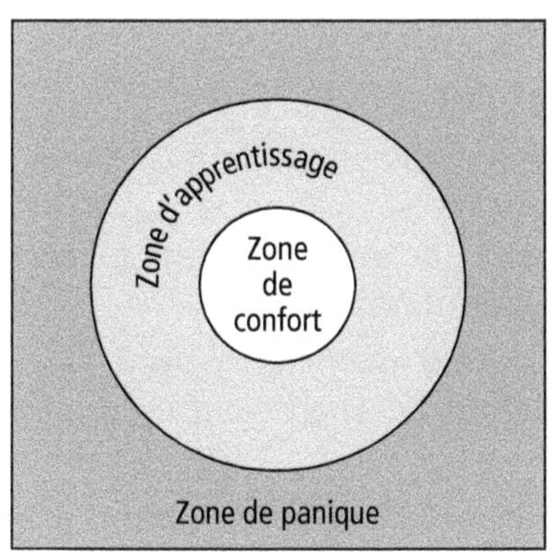

En fait, il faut comprendre les raisons de la célébration. Vous travaillez au quotidien dans une zone de confort. Vous vous sentez à l'aise dans cette zone. Vous connaissez votre métier, ce que vous avez à faire. Autour de vous, il existe une zone d'apprentissage que vous développez au travers de formations, d'acquisition d'expériences…

Au-delà, vous entrez dans une zone à risques dans laquelle vous pouvez avoir peur : peur de ne pas savoir, peur de rater,…

Ce que vous célébrez, c'est l'atteinte de la limite de la zone d'apprentissage. La confiance dégagée par ce succès maîtrisé donne envie d'aller plus loin. Vous élargissez alors votre zone de confort et développer votre zone d'apprentissage.

Julien a délégué à Barnabé une tâche technique. Julien estime que Barnabé possède les compétences techniques, mais qu'il manque de confiance en lui. Il va d'abord lui déléguer des actions simples dans ce cadre. Barnabé ayant vu qu'il y parvenait est venu alors de lui-même demander d'avoir la gestion de tâches plus complexes. Progressivement, étape par étape, Julien va déléguer à Barnabé ces tâches. Au final, Barnabé maîtrise l'ensemble des tâches.

Comment célébrer les succès ?

Le verbe « célébrer » évoque de suite la fête, l'enthousiasme, le fait de manger ensemble ou de trinquer, une sortie… Cela est juste, mais n'est pas adapté dans tous les cas, ni pour tout le monde. Il y a des victoires modestes et des grandes réussites. Les deux ne s'opposent pas. Parfois, une série de petites victoires fait plus pour développer la confiance en soi des personnes concernées que de grands succès dont une partie peut être due au hasard.

Une célébration doit tenir compte de trois critères :

- *le phénomène de rareté.* Les célébrations doivent être suffisamment rares pour être perçues comme valorisantes. Cela ne veut pas dire en faire peu. Il est plus adéquat de bâtir une graduation qui permet à chacun de distinguer le niveau de distinction ;
- *des critères clairs.* Pour éviter d'être taxé d'inconstance ou de fêter les succès « à la tête du client », définissez clairement en amont comment vous mesurez la réussite ;
- *l'adaptation à la situation et à la typologie de la personne (ou des personnes) concernée(s).* Si les extravertis aiment les formes extérieu-

res de célébration (un repas par exemple), les introvertis préfèrent plutôt des célébrations plus discrètes (en tête à tête).

Hiérarchiser les succès

Sarah aime encourager ses collaborateurs. Comme elle est de nature expansive, elle le fait en public et de manière bruyante ; elle s'est toutefois rendu compte qu'après avoir apprécié cela au début, ses collaborateurs trouvent qu'elle en fait trop. Après en avoir débattu avec d'autres collègues, elle bâtit une échelle à quatre degrés :

- 1er degré : pour une tâche bien faite dans des conditions difficiles, elle donne immédiatement un signe de reconnaissance positif sur la tâche ;
- 2e degré : dans le cas de la régularité dans la qualité du travail, elle profite des entretiens en tête à tête qu'elle a tous les quinze jours avec ses collaborateurs ;
- 3e degré : à propos de la progression d'un collaborateur dans sa zone d'apprentissage, elle en fait part lors des réunions d'équipe ;
- 4e degré : un événement ou une réussite exceptionnelle ou inattendue induit un pot ou un repas avec l'ensemble de l'équipe pour célébrer ce succès imprévu.

SYNTHÈSE

La mise en place de la décision et son suivi dans le temps ne sont pas un long fleuve tranquille. Cela demande à la fois de la préparation et une grande capacité de réactivité. Si, dans la pratique, les processus sont prévus et mis en place, les effectifs et la montée en compétence de ceux-ci peuvent ne pas suivre dans les délais escomptés. Or, la dimension qualitative est importante pour la motivation des collaborateurs tout au long des quatre étapes : lancement, montée en puissance, rentabilisation et fin de l'application. La complexité croissante des tâches vous oblige à déléguer de nombreuses tâches d'application et de suivi. Encore faut-il que cette délégation ne soit pas perçue comme une contrainte ou une punition, mais plutôt comme un levier de développement des compétences. Dans le même esprit, le suivi de l'application ne doit pas se faire seulement dans une logique comptable, mais intégrer les efforts et les acquis de cette mise en œuvre. Il est aussi important de célébrer les succès tant des acteurs que des étapes d'application.

Autodiagnostic

Avez-vous tiré parti des informations de ce chapitre ?

Avez-vous...	Oui/ non	Les enseignements que vous en tirez
... une mesure des compétences requises par l'application de la décision ?		
... déjà pensé à entamer un processus de deuil pour célébrer la fin de l'application d'une décision ?		
... des facilités ou non à déléguer ?		
... une pratique de la délégation correspondant aux 5 points de la méthode évoquée ?		
... un tableau de suivi de la mise en place de l'application de la décision ?		
... testé un tableau prospectif ?		
... une grille des méthodes de célébration ?		
... une idée des limites des zones d'apprentissage (à la limite du risque) de vos collaborateurs ?		

Une large majorité de « Oui » ? Bravo ! Vous êtes prêts à aller plus loin.

10 Tirer parti de l'expérience

La décision prise est maintenant passée dans les faits. Son application est peut-être même terminée. Vous êtes déjà sur la préparation de prises de décision et d'applications de nouvelles actions. En fait, le phénomène de la décision est un phénomène continu : vous faites appliquer des décisions, vous en annoncez simultanément de nouvelles et, en parallèle, vous en préparez d'autres.

Vous pouvez être tenté de vous en tenir à vos « routines » de décision : une fois que vous avez « trouvé » un mode qui vous convient, vous le reproduisez. Cela peut fonctionner pour des tâches et des situations récurrentes. Toutefois, dans la pratique, les situations et les contextes varient. Les attentes de votre hiérarchie, de vos collaborateurs ou de vos clients peuvent aussi changer.

Il est donc souhaitable de se remettre en question pour progresser. Cela veut dire :

- faire un retour d'expériences sur les actions entreprises ;
- tirer parti de ses réussites et de ses échecs ;
- mieux gérer les risques ;
- se mettre en situation de progrès.

FAIRE UN RETOUR D'EXPÉRIENCES

Même si vous aviez appris autrefois qu'il est utile de faire un Retour d'Expériences (REX), la tendance actuelle de l'urgence et du « toujours plus vite » vous entraîne plus facilement à l'oublier ou à le reporter à une prochaine fois. En pratique, plus vous allez vite et plus vous avez tendance à reproduire les mêmes routines… jusqu'au moment où cela ne fonctionne pas ou plus. Il est alors parfois trop tard.

Comment éviter ce genre de désagrément ? Voici deux méthodes, une à mettre en place tout au long du programme et une autre lorsque des erreurs ont empêché l'application de la décision.

Un processus de REX tout au long du programme

À la fin de la mise en application d'une décision, vous pouvez utiliser un processus qui permet de fédérer les personnes concernées autour de l'analyse des succès et des erreurs. La meilleure façon de l'utiliser est de le préparer en amont, de le présenter lors de l'application de la décision et de le faire vivre tout au long de l'application de celle-ci. La synthèse est alors simplifiée.

Outil

Construire votre grille d'évaluation REX

Évaluation	En cours d'action	À la fin de l'action
Qui évalue ?	Vous-même Une ou plusieurs personnes concernées L'équipe	Vous-même Équipe
Quoi ?	Résultats Moyens en termes d'écart prévu/réalisé Méthode	
Où ?	Réunions d'avancement Réunions de validation Contacts informels	Réunion de bilan final
Quand ?	Hebdomadaire Étapes	À l'issue du plan d'actions
Comment ?	Indicateurs d'étapes	Indicateurs existants et/ou spécifiques
Pourquoi les écarts ?		
Quelles leçons en tirer pour… – Vous-même ? – Les personnes concernées ? – Les relations en amont et en aval ? – La méthode de prise de décision ? – L'application de celle-ci ?		

Un REX en cas de difficultés ou d'erreurs

Certaines entreprises ont mis en place des procédures qui permettent de tirer parti des erreurs au fil du temps. Dès qu'un problème peut porter atteinte au bon fonctionnement de l'entreprise tant en interne que vis-à-vis de l'extérieur, la personne à l'origine de cette situation remonte l'erreur à son supérieur hiérarchique.

Le principe de base est qu'une erreur saisie très tôt peut être corrigée et son impact limité dans le temps. En revanche, la non-prise en compte de celle-ci, voire son camouflage, peut entraîner à terme des conséquences beaucoup plus graves.

Que se passe-t-il lorsque vous êtes soudainement confronté à une situation négative inattendue ? Entrez-vous dans la spirale des « 5D » ? :

- Débordement   : que faire ?
- Dérèglement   : risque de réagir trop vite ou trop lentement.
- Divergence   : que décider ?
- Décrédibilisation : modification de votre regard sur vous-même.
- Déstabilisation   : comment réagir ?

Le mécanisme du REX vise à éviter de vous laisser seul. Averti, votre supérieur organise dans les heures suivantes une réunion avec un comité *ad hoc*. Cette réunion comprend trois parties (*cf.* outil ci-après).

Outil

REX sur un problème spécifique

Analyse brute de la situation (faits)	Quoi ? Qui ? Quand ? Où ? Interprétation des faits (causes et conséquences à court et moyen terme)
Comprendre comment on en est arrivé là	Faits Communication Ressenti
Actions à mettre en œuvre et modes de communication associés	

Application d'un REX d'urgence sur un problème

Des données confidentielles ont été envoyées à un client qui n'était pas le bon destinataire. Dès qu'il en est averti, Fabrice organise, dans l'heure qui suit, une réunion avec la personne concernée, un représentant du service informatique et le commercial de ce client. En même temps, il appelle le client pour lui demander de détruire cet envoi et prévient le client qui aurait dû recevoir les informations de l'erreur. Cette politique de transparence rassure ce dernier.

Lors de la réunion, les faits sont décortiqués. Il en ressort que cette erreur est en partie liée au système de courrier électronique : deux interlocuteurs dans chacune des sociétés concernées portent le même nom. Lorsqu'on tape l'adresse mail, le programme informatique complète automatiquement le nom. Dans ce cas, le système a indiqué le nom de l'autre société, et le collaborateur a omis de vérifier (précipitation, excès de confiance ?).

En termes d'actions, le comité conclut à la fois sur la désactivation du système automatique et au besoin d'un rappel sur la vérification des noms dans les adresses mail.

Les freins à un partage du REX

Êtes-vous prêt à partager le REX avec votre responsable et/ou plus généralement les personnes impliquées ? Vous-même, avez-vous souvent des collaborateurs qui viennent spontanément vous voir pour tirer les leçons d'une décision ou d'une initiative ?

La culture managériale française qui met plus en valeur le côté négatif des choses que le versant positif n'incite guère à l'autocritique.

Cette culture du REX est donc symptomatique du sentiment de confiance, d'impunité (le responsable peut accepter d'entendre des erreurs) et d'égalité de traitement que vous pouvez avoir dans votre service.

Autodiagnostic

Apprécier le niveau de confiance dans l'expression d'une erreur

	Oui	Non
1. Le REX est perçu comme une attitude normale dans le service.		
2. Votre responsable est exemplaire dans sa manière de faire un REX vis-à-vis de son propre supérieur hiérarchique.		
3. Votre responsable est capable d'entendre des erreurs avec calme.		
	Oui	Non
4. Il le confirme par son ton de voix et son comportement.		
5. Il sait faire la part entre ce qui est réussi et ce qui est améliorable.		
6. L'honnêteté intellectuelle et la propension à se remettre en cause sont des valeurs reconnues.		
7. Cette relation de confiance se traduit dans les actes et les discours.		
8. Les actions déclarés ratées ne sont pas accompagnées d'une sanction (sauf faute grave).		
9. La capacité à proposer des solutions est mise en valeur.		
10. La créativité et la prise de risque sont acceptées.		

Si vous avez 7 « Oui » ou plus, vous êtes en confiance sur ce sujet. La culture de votre entreprise ou le comportement de votre responsable vous y incitent.

Si vous avez entre 4 et 6 « Oui », de nombreux freins existent. Parlez-en à votre responsable. Peut-être est-ce simplement le ressenti que vous avez face à son attitude (un « As de carreau » réagit plus instinctivement sur le moment).

Si vous avez moins de 4 « Oui », est-ce la culture de votre service ou votre propre expérience qui vous freinent ?

TIRER PARTI DE SES ERREURS ET DE SES RÉUSSITES

Le REX a l'avantage de faire la part des choses entre les erreurs et les réussites. Parmi celles-ci, il est important de chercher à dissocier ce qui est lié à :

• la décision elle-même ;

- la qualité de son application ;
- la part du hasard.

Vous avez pris la décision d'informer vos fournisseurs des règlements par virement au moyen d'un mail. Ces derniers ont salué cette décision. Or, les perturbations du système informatique ou la mauvaise application de cette décision peuvent faire que cela ne fonctionne correctement que par moments.

Autre cas, cette mesure est d'autant mieux reçue que le contexte s'y prête. Par exemple, elle arrive peu de temps après une longue grève de La Poste.

Le fait de tirer parti de son expérience joue à trois niveaux :

- celui de vos compétences ;
- celui du travail en équipe en amont ;
- celui de l'application des décisions.

Progresser soi-même en termes de compétences

Cette progression se mesure à plusieurs aspects :

- Quelles compétences avez-vous mis en œuvre ?
- Est-ce que les compétences développées sont celles prévues au départ ?
- Quelles sont celles que vous avez développées en plus ?
- Qu'avez-vous appris sur vous ?
- Où situez-vous la future évolution de votre zone d'apprentissage ?

Outil

Évolution de vos compétences

Compétences prévues de mettre en œuvre	Compétences développées	Actions à venir
Savoir		
Savoir-faire		
Savoir-être		
Savoir faire-faire		

Véronique est chargée de mettre en œuvre une nouvelle organisation de la logistique transport de son entreprise. Elle a travaillé en amont sur ce projet ; elle a préparé la recommandation et fait valider celle-ci par sa direction. Au moment de la mise en œuvre, une longue grève des routiers vient retarder celle-ci. Véronique doit faire preuve d'initiative et de prise de risques pour surmonter cette période. Elle se révèle plus entreprenante et hardie qu'elle ne le pensait.

De cette analyse, vous pouvez tirer des leçons sur le futur : les compétences mises en œuvre ou non durant cette action doivent-elles être développées ou non ? Vous pouvez avoir développé de nouvelles compétences qui sont occasionnelles. Toutefois, si elles sont étendues, accompagnées et entretenues, elles peuvent vous ouvrir de nouveaux horizons. Enfin, vous pouvez aussi vous poser la question suivante : pourquoi certaines compétences demandées dans cette action n'ont-elles pas été mises en œuvre ?

- Est-ce dû au contexte ?
- Est-ce dû à votre propre goût pour les mettre en œuvre ?
- Que pensez-vous devoir faire pour progresser ?

Fabien est ainsi décidé à réorganiser une partie de l'activité de son service. Le contexte l'y incite. Son responsable l'y encourage. En effet, des problèmes avec des clients auraient pu être évités si son équipe avait été organisée différemment. Toutefois, même s'il est convaincu du bien-fondé de l'action, il craint les réactions de ses collaborateurs. Il met alors en œuvre des compétences relationnelles inhabituelles chez lui pour prévenir celles-ci. Pourtant, par manque de courage, il ne tire pas parti de l'opportunité pour aller jusqu'au bout de sa décision. Il se dit qu'il vaut mieux attendre une période plus calme, tout en sachant pertinemment que lorsque tout va bien, personne ne voit l'intérêt d'en changer.

Le travail de l'équipe en amont

Si vous progressez au travers de vos expériences, il en est de même de votre équipe. À la lumière d'une action prise, pensez-vous que :

- votre équipe a progressé en termes de compétences ?
- votre regard sur elle a changé ?
- il vous faut plus l'impliquer en amont dans le futur ?
- vous devez lui déléguer des tâches ?

Pour revenir sur ce qui a été évoqué sur la délégation (*cf.* chapitre 9), vous ne pouvez, sur le long terme, ni tout faire, ni tout contrôler si vous souhaitez progresser et accroître les compétences votre équipe.

Bernadette pousse ses managers de première ligne à progresser en termes d'animation d'équipe. Elle leur fait suivre des formations, donne des objectifs ad hoc et les accompagne dans leur démarche. Pourtant, simultanément, elle continue toujours, lors de ses passages dans le service, à délivrer elle-même aux collaborateurs de ses managers des messages qu'elle a pourtant chargé ces derniers de faire passer.

Sur un plan plus large, vous pouvez aussi tirer parti de l'enseignement sur l'implication des autres personnes et des services concernés par votre décision.

Application des décisions

L'application de la décision est également une source d'analyse importante. En effet, quelles que soient les précautions prises et la manière prévue pour planifier la mise en œuvre, rares sont les applications qui se déroulent comme prévu : des situations inattendues, un contexte qui évolue… tout semble se lier pour vous compliquer la tâche. Posez-vous les questions suivantes :

- Qu'est-ce qui vous a aidé ?
- Quels ont été les freins ?
- Si c'était à refaire, quelle serait votre action ?

MIEUX GÉRER LES RISQUES

Une décision implique une part d'incertitude et de prise de risques. Progresser, c'est apprendre à mieux gérer les risques. Dans son livre *Why Decisions Fail*, Paul C. Nutt estime qu'il existe trois points clés d'amélioration pour la majorité des décideurs :

- ne pas se précipiter ;
- veiller à la rigueur de l'analyse ;
- prendre le temps d'écouter.

Ne pas se précipiter

La culture de l'urgence donne le sentiment que toute absence d'action est une perte de temps. Or, dans de nombreux cas, la situation évolue d'elle-même. Vous devez plutôt vous interroger sur le degré réel d'urgence d'une situation. Les progrès technologiques qui vous rendent joignables en tous lieux et à toute heure ne font qu'accroître ce sentiment.

Cette action instantanée a l'inconvénient de vous faire manquer de recul sur la définition du problème concerné. S'agit-il d'un cas spécifique qui ne remet pas en cause la décision prise ou bien d'un aspect-clé omis ou oublié qui peut avoir un impact sur le fond de la décision ?

Cette prise de recul permet également de mieux définir ses objectifs : qu'est-ce qui est important dans la décision prise ? La forme ou le fond ? Cela permet d'aller plus loin que la première solution trouvée.

Apprendre à ne pas se précipiter

Agathe a mis au point un nouveau système de codification des factures pour mieux suivre les délais de règlement. Toutefois, très vite, sa codification a montré des limites et les facturières ne savent pas quoi écrire. Le bruit court que ce problème concerne la majorité des factures et que c'est ingérable. Après avoir répondu au cas par cas aux demandes de ses collaboratrices, Agathe décide de leur faire mettre de côté toutes celles qui n'entrent pas dans la norme établie. Au bout de deux jours, une analyse en réunion d'équipe des factures non codifiables permet de relativiser le sujet :

* seules 10 % des factures sont concernées ;
* dans 80 % des cas, la création d'un nouveau code suffit à renseigner ces factures hors normes.

Au final, après la création d'un nouveau code, il ne reste plus que 2 % de factures à traiter au cas par cas. L'incendie est éteint !

Veiller à la rigueur de l'analyse

Souvent, sous la pression et les émotions (la vôtre, celles de vos responsables, de vos collègues, des autres personnes concernées,…), vous avez tendance à interpréter les informations recueillies dans le sens qui vous arrange.

Mieux s'informer et mieux écouter est alors nécessaire. Mieux s'informer, ce n'est pas forcément accumuler une multitude d'éléments concernant la même information, mais des informations de sources différentes. Mieux écouter, c'est prendre en compte les avis de personnes qui perçoivent le sujet sous des angles différents. Quelles que soient votre expérience, votre largeur d'esprit et la qualité de vos sources d'information, vous ne disposerez jamais de la largeur de vue d'un groupe entier de personnes.

Prendre le temps d'écouter et de renoncer

L'écoute et l'implication en amont de différentes personnes sont vitales pour votre décision. Les bons décideurs sont des personnes qui écoutent beaucoup et acceptent d'entendre des avis contraires, jusqu'au moment où, devant prendre une décision, elles pèsent le pour et le contre et tranchent.

La concertation, c'est accepter d'écouter. Décider, c'est accepter de renoncer. Vous ne pourrez jamais tout obtenir avec votre décision. Décider, c'est accepter de renoncer ou de faire l'impasse sur un sujet.

VOULOIR PROGRESSER

Au final, tirer parti de l'expérience, c'est à la fois vouloir progresser et faire progresser son entourage.

Actif ou passif

Progresser peut être un acte passif ou actif. Passif, si vous vous contentez d'apprendre de l'expérience. Actif, si vous donnez un but à cet apprentissage. Attention ! Il n'y a pas une mauvaise et une bonne progression. Parfois, il est bon d'être passif, parce que vous captez toutes sortes de points de progrès. À d'autres moments, être actif vous permet de donner une orientation précise à vos progrès et de vous concentrer sur ce cap.

Pourquoi être actif ? Sans direction ou cap, vous aurez tendance à progresser dans votre zone de confort et plus faiblement dans votre zone d'apprentissage. En résumé, vous ferez mieux ce que vous savez déjà faire. À l'inverse, vous définir un cap, c'est donner une dimension positive à l'élargissement de votre zone d'apprentissage. C'est à la lumière de ce cap que vous pourrez mieux vous connaître et progresser en termes de prise de décision.

Définir un cap

Vous avez un objectif : accomplir une tâche rêvée, atteindre un niveau hiérarchique, équilibrer vie privée et vie professionnelle,… Seulement, ce but, en vous, est plus ou moins conscient ou inconscient. Vous le définissez positivement (« Je sais ce que je veux ») et d'autres fois négativement (« Je sais ce que je ne veux pas »). Progresser, c'est en prendre conscience pour savoir vous donner des objectifs de progrès à ce sujet.

Autodiagnostic		
Progresser vers un cap **Pouvez-vous répondre à ces questions ?**		
	Oui	**Non**
J'ai une vision claire de ce que je veux faire de mon avenir.		
Je sais ce que je ne veux pas faire.		
J'ai un ou des objectifs pour y parvenir à un horizon de cinq à dix ans.		
Je sais ce dont j'ai besoin pour me permettre d'avancer dans la direction que j'ai choisie.		
J'ai des plans d'actions clairs pour atteindre mes objectifs.		

Votre cap peut évoluer dans le temps, au gré de votre expérience et de vos idées qui changent. Vous pouvez avoir eu, au début de carrière, des ambitions d'atteindre le sommet. Puis, l'âge, la situation familiale et l'expérience aidant, vous préférez exercer un métier qui vous plaît sans le stress des résultats. L'important est votre cap du moment présent, les plans d'actions que vous mettez en œuvre pour l'atteindre et… les freins qui vous retiennent.

Ces obstacles peuvent être liés à votre contexte familial (par exemple : impossible d'être muté à cause du travail de son conjoint, de l'état de santé de ses parents,…) ou être personnels. Sur ce dernier point, apprendre à mieux se connaître peut vous aider à progresser.

Mieux se connaître

La méthode OSCAR expliquée précédemment (*cf.* chapitre 8) associée à l'analyse fine de votre typologie peut vous aider à mieux apprécier vos points forts et faibles en termes de prise de décision. Une fois pris en compte ces différents éléments, quels sont ceux que vous voulez faire progresser ? Ce peut être aussi bien des points que vous estimez insuffisants que des points forts.

Les points de progrès tournent autour de trois « P » : « Permission », « Protection » et « Puissance » (outil extrait de l'Analyse transactionnelle) :

- la *permission* de faire les choses différemment ;
- la *protection* dont vous avez besoin pendant que vous apprenez à agir ;
- la *puissance* pour surmonter les freins et les routines.

La permission

C'est celle que votre responsable et, plus largement, votre hiérarchie vous donne en termes d'initiatives et de pouvoir de décision. Ils vous la donnent, non seulement par leurs discours, mais aussi par leur comportement et leur exemplarité. Vous aussi, vous donnez par votre attitude cette même permission aux personnes concernées.

La protection

C'est l'accompagnement accordé par votre entourage dans le suivi de votre prise de décision. C'est aussi le droit à l'erreur qui vous est accordé et la possibilité de compter sur l'appui de votre responsable en cas de difficulté soudaine. Vous délivrez également aux personnes impliquées cette protection en les formant, en les impliquant dans la décision et en les épaulant dans la mise en œuvre.

La puissance

Elle vous est donnée grâce à l'intérêt montré par votre encadrement, son enthousiasme et la mise en valeur de votre décision et de ses résultats. Vous utilisez les mêmes aspects pour donner de la puissance aux personnes à qui vous voulez proposer une délégation ou impliquer dans l'application de la décision.

Diagnostic « PPP »

Faites d'abord l'exercice en prenant en compte les « PPP » que vous avez de vos responsables, puis mettez-vous à la place d'un de vos collaborateurs pour apprécier leur ressenti (au besoin faites-le remplir par les personnes impliquées dans une de vos décisions).

	Oui	Non
J'ai le droit de proposer des décisions risquées.		
J'ai le sentiment d'avoir le droit à l'initiative.		
Mes responsables m'en donnent la permission par leur propre comportement.		
J'ai le sentiment d'avoir le droit à l'erreur.		
Mes responsables m'écoutent sans me juger quand j'ai besoin d'eux.		
Ils appuient mes décisions.		
Je me sens supporté par mes responsables.		
Ils me témoignent de la reconnaissance pour mes résultats.		
Ils appuient et diffusent mes demandes au sein de l'organisation.		

Les trois premières questions concernent la permission qui vous est octroyée. Les trois suivantes, votre sentiment de protection et les trois dernières celle de puissance.

- Quels sont les « P » positifs ?
    - Comment vos responsables l'expriment-ils ?
    - Comment vous-même le faites sentir à vos collaborateurs ?
- Quelles sont ceux qui sont négatifs ?
    - Pouvez-vous y remédier ?
    - Pouvez-vous avoir une attitude différente de celles de vos responsables ?

Travailler sur vos résultats, c'est mieux vous entraîner pour développer votre confiance en votre capacité pour préparer et faire appliquer vos décisions.

SYNTHÈSE

Il vous faut apprendre à tirer parti de l'expérience, tant en termes de suivi permanent que d'incidents spécifiques. Les enseignements vous renseignent à la fois sur la pertinence de la décision, les compétences de votre équipe et aussi sur vous-même : cela vous aide à vous remettre en question. En effet, la mise en œuvre a pu révéler des forces ou des lacunes en termes de compétences mises en œuvre. Elle vous apprend également à apprécier votre culture du risque. Vous pouvez développez celle-ci grâce à une meilleure écoute et grâce à l'élargissement de celle-ci auprès de nouveaux interlocuteurs pour élargir votre analyse. Au final, tirer parti des leçons de la mise en œuvre de vos décisions vous permet de progresser. Vous pouvez vous améliorer sur tel ou tel point, ou vous pouvez aussi axer vos efforts sur le développement de compétences pour aller plus loin, vers un but que vous vous êtes donné.

Autodiagnostic

Avez-vous tiré parti des informations de ce chapitre ?

Avez-vous…	Oui/ non	Les enseignements que vous en tirez
… bâti un processus de suivi de vos décisions ?		
… apprécié le degré de confiance que vous avez en votre hiérarchie lors de l'expression d'une erreur ?		
… tiré parti des nouvelles compétences mises en œuvre ?		
… élargi votre savoir-faire en termes d'application ?		
… mesuré la rigueur de votre analyse ?		
… élargi votre écoute auprès d'autres personnes ?		
… évolué en termes de « PPP » de la part de votre encadrement ?		
… développé votre « PPP » vers vos collaborateurs ?		

Une large majorité de « Oui » ? Bravo ! Vous avez progressé !

Conclusion
Les bénéfices d'un processus de décision

Après avoir lu ou parcouru ce livre, peut-être pourriez-vous vous dire : « Oui, c'est bien, mais je fais déjà tout cela. Ce livre est pour les autres (sous-entendu : mon responsable, mes collaborateurs,…). » Voici donc deux exercices et une histoire qui vous encouragent à vous donner vous-même des pistes de progrès.

Exercice 1		« Je sais, je peux mieux faire »
À partir du tableau que vous avez rempli à la fin de l'introduction, notez des pistes d'amélioration possibles pour ces actions passées.		
Situations	**Méthodologie utilisée**	**Points d'amélioration**
Vous êtes parvenu à convaincre sur un sujet qui vous tenait à cœur. Votre communication avec les autres a été efficace.		
Vous avez pris l'initiative de modifier une organisation ou une activité dans laquelle vous paricipiez.		
Vous avez contribué, avec les autres membres d'un groupe, aux décisions visant à l'augmentation de l'efficacité de ce groupe.		
Vous vous êtes fixé un but que vous estimiez difficile à atteindre avec d'autres et vous l'avez tous atteint.		
Vous avez, grâce à vos idées personnelles et votre esprit de décision, contribué au succès d'une activité ou d'un projet.		
Vous avez obtenu, grâce à vos choix, des résultats positifs dans une situation que vous estimiez difficile.		

Exercice 2	« Je vais mieux faire et faire un REX »

Choisissez deux des thèmes de la page précédente, en fonction de décisions à venir. Notez ce que vous comptez mettre en œuvre de nouveau dans votre démarche. Puis, faites un retour d'expériences (REX).

Situations de décisions	Méthodologie à utiliser	Mon REX quelques semaines après

Il était une fois un beau château en région parisienne qui servait à accueillir des personnalités. Un ministre regretta un jour que l'étang soit à sec. *A priori* une décision simple suivie d'une action rapide : une équipe de plombiers sut y remédier. Tout allait bien.

Malheureusement, d'étranges algues envahirent la pièce d'eau. Après consultation d'experts, il fut décidé de peupler l'étang de poissons voraces friands d'algues. Sitôt dit, sitôt fait.

Quelque temps plus tard, attiré par le festin, un héron vint s'installer dans le parc, troublant par ses cris le sommeil des invités. Que faire lorsque l'animal en question est d'une espèce protégée ? Des zoologistes proposèrent de faire venir un couple de renards pour faire fuir le héron, ce qui fut mis en pratique.

Seulement, le couple de renards préféra s'attaquer aux canards de l'étang. Les savants consultés suggèrent de transférer les canards dans un autre lieu.

Parvenus dans leur nouvelle résidence, les canards se prirent d'affection pour une statue représentant un personnage officiel, au point de la détériorer complètement.

La statue fut transportée dans un autre château.

Depuis, le héron est toujours là, les renards ont été sacrifiés et les poissons voraces ont disparu. Il faut dire que les nouvelles canalisations n'ont pas tenu. Au final, l'étang est à nouveau à sec, après beaucoup d'efforts, de moyens financiers et de temps passé…

Morale de l'histoire : méfiez-vous des actions de décisions reposant sur un enchaînement logique, elles débouchent parfois sur l'absurde.

Bibliographie

Besser Hannah, Rodach Gérard, *Changer de job*, ESF Management, 2007.

Bossidy Larry, Charan Ram, *Tout est dans l'exécution*, First, 2003.

Bridges William, *Les Transitions de vie : comment s'adapter aux tournants de notre existence*, InterÉditions, 2006.

Cailloux Geneviève, Cauvin Pierre, *Les Types de personnalité*, ESF, 2007.

Cayatte Ramez, *Bâtir une équipe performante et motivée*, Éditions d'Organisation, 2007.

Cayatte Ramez, Barrais Delphine, *Fédérez votre équipe avec succès*, ESF Management, 2007.

Cayatte Ramez, Dauptain Romée, *Motivez pour gagner*, ESF Management, 2008.

Cayatte Ramez, *Décidez vite, décidez bien*, ESF Management, 2008.

Deladriere Jean-Luc, Le Bihan Frédéric, *Organisez vos idées avec le mind mapping*, Dunod, 2007.

Fabart Patrick, *Révélez le manager qui est en vous*, Éditions d'Organisation, 2008.

Falque Laurent, Bougon Bernard, *Pratiques de la décision*, Dunod, 2005.

Friedberg Ehrard, *La Décision (DVD)*, Questions d'organisation, Éditions Banlieues Media, 2004.

Drucker Peter F., *La Prise de décision*, Éditions d'Organisation, 2002.

Harvey Jerry B., *The Abilene Paradox*, Jossey-Bass, 1988.

Heller Robert, *Prendre des décisions*, Mango, 1999.

Herrmann Ned, *The Whole Brain Business Book*, McGraw Hill, 1996.

D'Iribarne Philippe, *La Logique de l'honneur*, Le Seuil, 1993.

Joule Robert-Vincent, *La Soumission librement consentie*, PUF, 2006.

Jung C.G, *Les Types psychologiques*, Georg, 1993.

Krasenky Patrick, Zimmer Pierre, *Surtout ne changez rien*, Éditions d'Organisation, 2005.

Morel Christian, *Les Décisions absurdes*, Gallimard, 2004.

Nutt Paul C., *Why Decisions Fail*, Berett Koehler Publishers, 2002.

Pastor Pierre, *Décider, oui mais comment ?*, Liaisons sociales, 2006.

Rodach Gérard, Cayatte Ramez, *Les Clés de l'employabilité*, Liaisons sociales, 2006.

Rodach Gérard, Cayatte Ramez, *Une vague à 12 temps : le changement permanent*, Liaisons sociales, 2007.

Rodach Gérard, *Gérer son temps et ses priorités*, Éditions d'Organisation, 2007.

Rodach Gérard, *Développer son charisme et son leadership*, Éditions d'Organisation, 2008.

Schein Edgar, *The Corporate Culture Survival*, Jossey-Bass, 1999.

Sfez Lucien, *La Décision*, PUF, 2004.

Rappel des outils proposés

Mieux connaître soi-même et les autres

Chapitre	
Intro	Autodiagnostic : Comment préparez-vous et faites-vous appliquer vos décisions ?
1	Test : Êtes-vous un décideur « rationnel » ou non ?
3	Test : Êtes-vous plutôt introverti ou extraverti ?
3	Test : Êtes-vous plutôt faits ou sentiments ?
3	Test : Êtes-vous plutôt analytique ou synthétique ?
7	Les positions de vie
7	Comment fonctionnent les personnes autour de moi ?
10	Évolution de vos compétences
10	Progresser vers un cap
10	Permission, Protection, Puissance

Pour une meilleure prise de décision

Chapitre	
2	Test : votre service privilégie-t-il la prise d'initiative ?
2	Préparation : les questions à vous poser en amont
2	Préparation : choisir un mode de décision solo/collectif
4	Grille : valider votre approche d'une réunion
5	Outil : aide au diagnostic = la grille des huit points-clés
6	Apprécier les indicateurs de retours à construire
6	Grille de synthèses des questions des participants en réunion
6	Suivi des premières étapes
6	Grille de tactique de négociation
6	Outil d'objectifs négociable/non négociable
10	Apprécier le niveau de confiance dans l'expression d'une erreur

Pour une aide à la décision

Chapitre	
2	Aide au diagnostic = le QQOQCPC
3	Grille M.A.N.
5	Grille : mesurer la qualité du recueil des informations
5	Aide au diagnostic = grille des sept points-clés
5	Outil de hiérarchisation = la loi de Pareto
5	Outil de hiérarchisation = la méthode des 5P
5	Outil de hiérarchisation = la grille Gutma
5	La matrice SWOT
5	La méthode des scénarios
5	Le remue-méninge (brain storming)
5	La pensée latérale
6	Outil de synthèse : Aladec
6	Outil de mesure d'étapes
6	Outil de synthèse : diagramme de Gantt
8	Grille OSCAR

Tableaux de synthèse

Chapitre	
3	Le carré d'as
3	Mode de décisions selon les typologies
3	Les situations où un mode décision est adapté
3	Repérage des typologies par la voix
3	Les préférences de communication de vos interlocuteurs
4	Les modes d'argumentation en préparation de réunion
6	Grille d'argumentation selon les typologies
7	Causes de stress par typologie
7	Émotions observables sous stress
7	Besoins propres à chaque typologie

Chapitre	
7	Les phases de période de stress
7	Adapter son management à la phase de stress
8	Grille d'analyse de votre malaise dans l'application d'une décision
8	Gérer un groupe récalcitrant
9	Les étapes de la délégation
9	Compte-rendu de réunion de suivi
10	Construire votre grille d'évaluation REX
10	REX sur un problème spécifique

Cas pratiques

Chapitre	
1	Le management doit montrer l'exemple
2	Mélanie : comment décider d'une action pour pallier un manque d'effectifs
3	Julien : comment convaincre individuellement des collègues
4	Stéphanie : préparation d'une réunion
7	Martial : s'affirmer dans les situations difficiles
8	Ludivine : gérer une décision qui rend mal à l'aise
8	Dalila : gérer un collaborateur récalcitrant
8	Ludovic : faire passer un message difficile en réunion
9	Chloé : déléguer progressivement
9	Annabelle : mise en œuvre d'un tableau dynamique
9	Sarah : hiérarchiser les succès
10	Fabrice : application d'un REX d'urgence sur un problème
10	Agathe : apprendre à ne pas se précipiter

Index

Composé par :
Atelier d'Infographie Sandrine Escobar

N° d'éditeur : 3787

Dépôt légal : janvier 2022

Imprimé en Allemagne par BoD

www.ingramcontent.com/pod-product-compliance
Ingram Content Group UK Ltd.
Pitfield, Milton Keynes, MK11 3LW, UK
UKHW021016220726
13924UKWH00001B/11